이야기로 풀어 가는

성평등
수업

이야기로 풀어 가는
성평등 수업

1판 1쇄 발행 2020년 7월 28일
1판 6쇄 발행 2023년 11월 11일

지은이 변신원
펴낸곳 도서출판 비엠케이

편집 안현정
디자인 아르떼203
제작 (주)재원프린팅

출판등록 2006년 5월 29일(제313-2006-000117호)
주소 121-841 서울시 마포구 성미산로10길 12 화이트빌 101
전화 (02) 323-4894 팩스 (070) 4157-4893
이메일 arteahn@naver.com

값은 뒤표지에 있습니다.
ISBN 979-11-89703-16-5   43330

이 도서의 국립중앙도서관 출판예정도서목록(CIP)은 서지정보유통지원시스템 홈페이지(http://seoji.nl.go.kr)와
국가자료종합목록 구축시스템(http://kolis-net.nl.go.kr)에서 이용하실 수 있습니다.(CIP제어번호 : CIP2020028259)

이야기로 풀어 가는

성평등
수업

모두가 행복해지는
성 인지 감수성 바로 알기

변신원 지음

Book

진정한 자유를 향한
징검다리

인류의 역사는 인종, 종교, 성별 등 무엇에 기인하든, 그 모든 억압에서 벗어나고자 애쓰며 자유를 확대해 온 과정이다. 물리적 자유만이 아니라 정신적 자유도 마찬가지다. 억압의 뿌리를 인식할 수 있어야 진정한 자유 또한 얻을 수 있다는 점에서 보면, 한 사람의 인지와 해석 능력은 그의 자유 확대 여부를 결정하므로 세상을 보는 다양한 렌즈를 소유하는 일이 매우 중요해진다. 어떤 렌즈로 사회를 바라보느냐에 따라 세상은 다르게 다가오며, 다른 삶을 계획하고 살게 되기 때문이다. 따라서 우리 삶의 다양한 모습과 구조를 제대로 파악하고 주체적으로 살려면 여러 가지 렌즈를 갖추어 놓는 것이 필요하다.

이 책에서 저자는 젠더(gender)라는 렌즈를 소개하고, 그 렌즈로 가정, 일터 등 일상에서 쉽게 접하는 소재를 어떻게 들여다볼 수 있는지 상세하고 흥미롭게 서술하고 있다. 이를테면, 사랑과 성취의 차원에서 전통적인 「잠자는 숲속의 공주」, 「신데렐라」 등에 익숙한 사람들에게 뭔가 이상하지 않느냐는 의문을 던진다. 대신 「슈렉」이나 「말레피센트」 등 조금 다른 이야기를 소개한다. 외형보다 진정성 있는 마음이 중요하다는, 당연하지만 간과하거나 외면하기 쉬운 메시지를 매력적으로 풀어냄으로써 독자로 하여금 거부감 없이 새로운 렌즈를 갖게 돕는 것이다. 그런가 하면 말랄라 유사프자이 같은 용감한 인권 운동가를 만나게도 해 준다.

성별 차이가 빚어내는 문제는 사회 정치적이거나 거시적 시각에서만 다룰 일이 아니다. 이 책이 젠더에 관한 폭넓은 소재를 아우르는 이유도 여기 있을 것이다. 최근에는 미투 운동 등을 계기로 우리 사회에서 성차별, 성폭력에 대한 관심이 매우 높아졌다. 이러한 문제가 발생하지 않도록 의식적으로 주의하려는 사회적 분위기가 형성되어 왔지만 아직도 무의식적인 차원의 저변에서는 성차별적 문화가 드러나고 있다. 우리는 성별로부터 자유롭지 못하며, 일상에서 마주하는 생활 세계에 침잠해 있으면 그 작동 원리를 깨닫지 못하고 지나쳐 버리게 되곤 한다. 저자의 논의를 따라가다 보면 이러한 한계를 인지하고 대응하는 데 실질적인 도움을 받을 수 있을 것이다.

저자는 한국양성평등교육진흥원의 교수로서, 이 분야에서 활동

해 본 전문가만이 제작할 수 있는 뜻깊은 선물을 우리 사회에 내놓았다. 객관적이며 유용한 정보를 전함과 동시에 일상, 드라마, 영화 등 친근한 소재와 이야기를 통해 성평등 이슈를 흥미롭게 접할 수 있게 돕는다는 점은 이 책의 가장 큰 미덕이 아닌가 싶다. 인권이나 성 인지 감수성을 높일 수 있는 방안 등은 실제 효과를 가져올 만큼 구체적이다. 그런 점에서 이 책이 성별 차이로부터의 자유를 향해 한 걸음 내딛는 훌륭한 교육 지침서 역할을 할 수 있으리라는 기대를 품게 된다.

더불어 저자의 바람대로 오늘날 한국 사회에서 성평등을 둘러싼 사회적 갈등과 성평등 실천을 위한 행동에 대하여 알고자 하는 청소년, 학부모, 교육자들에게 이 책이 좋은 길잡이로 기능하여, 서로 존중받고 또 존중하는, 성차별 없는 사회로 나아가는 데 징검다리 역할을 할 수 있기를 바란다.

곽삼근(이화여자대학교 명예 교수)

우리에게 세 개의
눈이 있다면

인간의 삶을 바라보는 방식은 매우 다양합니다. 인간 행동을 심리적 측면에서 관찰할 수도 있고, 감정과 이성의 작동이라는 측면에서 성찰하는 것도 가능합니다. 하나의 관점을 접목하여 바라보면 이전에는 알 수 없었던 새로운 면모가 드러나기 시작합니다. 예를 들어 볼까요? 만일 노동을 통해 인간의 삶을 살펴보면 노동을 배제하고는 인간을 이해할 수 없다는 생각을 하게 됩니다. 하나의 기업도 노동 혹은 노사의 관점에서 다시 보면 지나치게 착취적일 수도, 혹은 민주적, 이상적인 기업으로 재평가될 수도 있습니다. 그 평가에 따라 기업의 이미지도 달라질 확률이 높죠. 이렇게 인간의 삶에 관점을 부여하여 조망하고 분석하며 대안을 만들어 가면서 오늘날의 인류가 되고, 세계를 만들어 온 것입니다.

관점을 가진다는 것은 두 개의 눈으로 바라보던 세계가 갑자기 세 개의 눈으로 바라보는 세계로 바뀌는 것 같은 경험입니다. 하나의 눈이 더 생긴다는 것은 축복이자 저주입니다. 더 이상 주어진 세계에 안주할 수 없으며, 눈에 보이는 문제점을 개선하기 위한 변화를 시도해야 하기 때문입니다. 그것은 매우 보람찬 행보이지만 때로는 힘들고 안타까운 경험일 수 있습니다. 하지만 하나의 눈을 더 가진 우리는 불합리한 세계에 안주하기를 '거부'하게 될 수밖에 없죠. 그 눈 중 하나가 젠더(gender)입니다. 젠더, 즉 사회화된 성이란 사람이 남성성과 여성성이라는 단어로 특정되고 구분되는 특성 전반을 말하는 것입니다. 우리의 일상에서 요구하는 '여성적임'이나 '남성적임'을 학습하고 내면화하며 여성이나 남성이 되어 가는 것이며, 성 역할의 끊임없는 수행으로 완성되는 것입니다. 특정 사회에서 허용하는 성 역할은 그 사회의 영향을 반영하여 성에 따라 경제적, 사회적, 정서적인 역할, 권리와 책임, 의무 등에 차이를 둡니다. 다소곳하며 양보를 잘하고 타인의 말을 거스르지 않는 태도가 여성적인 것에 가까운 사회가 있다면 그 사회에서 적극적이고 쟁취적이며 타인에게 영향력을 미치는 사람에 비해 여성적인 사람의 사회 경제적 지위와 영향력은 낮아질 것입니다. 위에서 제시한 태도는 누구에게나 필요하고 사회적으로도 요구되는 요소일 수 있지만, 특정한 성에게만 강요된다면 그 자체로 통제이자 불평등입니다. 젠더에 따라 영향을 미치는 이러한 고정관념을 깨닫는 것이 성 인지 감수성(gender sensitivity)으로 가능하며, 성 인지 감수성이 높을수록 일상화된 차별의 문제점을 잘 볼 수 있게 됩니다. 성평등을 위해 성 인지 감수성을 높여야 할 이유가 여기 있습니다.

2018년 해일처럼 몰려왔던 미투(#me_too)는 우리 사회에 큰 영향을 주었습니다. 여성 차별적 문제에 많은 사람들이 관심을 가지게 되었고, 그 결과 차별과 폭력에 대한 민감성도 전에 없이 높아졌습니다. 권력형 성범죄자들이 무죄 방면되고, 인간적 호의를 성관계 동의라고 자의적으로 해석하는 인지 미숙은 여전하며, 디지털 성범죄의 심각성이 드러났고, 아동과 여성이 심각한 피해로 고통받는 만행도 사라지지 않았지만 성평등을 위해 애쓰는 사회 운동가, 각종 단체, 의식 있는 교사와 법조인들은 현실을 적지 않게 변화시켜 가고 있습니다. 우리의 삶은 성 인지 관점에서 다시 보기(re-vision)되고, 또 재구성(re-set)되고 있습니다. 보다 실천적으로 나아가 민얼굴에 짧은 커트 머리를 한 여성들은 '탈코르셋(脫corset)'을 외치며 억압적 여성성을 벗어던지고 주체의 선택을 표방하기도 합니다.

　이러한 가운데 우리는 또 하나의 문제에 직면합니다. 성평등에 대한 인식 변화가 우리들 사이에서 균질적으로 일어난 것이 아니라 개인의 경험이나 지역 사회의 특성, 직업이나 계층에 따라 여전히 큰 편차를 보이고 있다는 것입니다. 변화된 인식을 가진 사람들, 변화해 가는 사람들도 물론 많지만 아직도 과거의 편견에 머물러 있거나 거기에 안주하는 사람들이 남아 있는 것이죠. 이 책은 이러한 비균질적 감수성에 대응하여 인권 감수성과 성 인지 감수성을 향상시키고 성평등의 필요성에 동의하는 것, 그것을 위해 개인과 사회가 실천할 수 있는 것이 무엇인지 생각해 보는 크고 작은 이야기들로 채워져 있습니다. 공감하기 쉬운 이 이야기들을 통해 성평등에 다가가는 또 하나의 눈을 뜨게 하고 싶습니다. 제 글은 부족하지만 눈이 밝은 독자들이 여백을 채워 가면서 수백 수천 개의 아름다운 눈으로 더 나은 세상을 만들어 가는 작은 디딤돌이 될 수 있으면 좋겠습니다. 감사합니다.

1교시   # 관점 : 달리 볼 때 달라지는 것들

2교시 고정관념 : 아무것도 당연하지 않아요

3교시 공감 : 불편한 질문에 정당한 답 찾기

4교시 공존 : 평등해서 더 아름다운 세상

관점 : 달리 볼 때 달라지는 것들

내가 생각하는 것, 내가 바라보는 것이
전부라고 믿을 때, 세상은 얼마나 단편적이고,
사람들은 얼마나 외로울까요.
관점을 바꾸면 세상과 사람의 새로운 모습이 드러납니다.
관성의 경계를 넘어 주변을 더 넓고 온전하게 바라보려고 노력할 때
나를 포함한 모두의 삶이 평등하고 행복해집니다.

잠자는 숲속의 공주와 말레피센트

고정관념을 깨닫지 못한다면
진정으로 자유로울 수 없어요.

인간이 사물을 판단할 때 관점이 얼마나 중요한지 생각해 본 적 있나요? 같은 사물의 가치를 평가하더라도 저마다 의견이 다른 것은 바로 관점의 차이 때문입니다. 국가 정책을 두고 갑론을박하는 것도 결국은 정책에 대한 관점의 차이 때문이지요.

'성 인지 감수성(性認知 感受性, gender sensitivity)'도 바로 그 관점 중 하나입니다. 성 인지 감수성을 알기 쉽게 말하자면 '성 고정관념에 대한 인지력'이라고 할까요? 조금 더 풀어 보자면, 내가 생각하고 말하는 것이 사회적으로 부여된 성 고정관념에 얼마나 영향을 받고 있는지 점검해 보는 것입니다.

앤젤리나 졸리(Angelina Jolie)가 주연을 맡은 「말레피센트」(Maleficent)(2014)라는 영화를 본 적이 있나요? 이 영화는 동화 「잠자는 숲속의 공주」를 성 인지 관점에서 재해석한 영화입니다. 우리는 동화 속에서 마녀가 공주에게 마법을 건 것은 알아도 그녀가 왜 그랬는지는 잘 모르고 있었습니다. 마녀니까 그냥 심술을 부리나 보다 했지요. 또 지나가던 왕자가 입을 맞추자 공주가 깨어나는 장면에서도 왕자가 왜 갑자기 입맞춤을 하는지 생각해 보지 않았습니다. 말하자면 이 동화는 심술부리는 여성, 그리고 '남성에 의한 여성의 구원'이라는 성차별적 메시지가 그대로 반영된 것이었습니다.

그런데 영화 「말레피센트」는 이러한 의문을 성 인지 관점에서 재구성했습니다. 마녀가 사실 공주 아버지의 첫사랑이었고, 그에게 배신당한 분노 때문에 공주에게 저주를 걸었다고 설정한 것이죠. '이유 없는 저주가 어떻게 있으랴.' 하고 마녀를 이해하게 됩니다.

길 가다 만난 왕자가 공주에게 입맞춤하는 장면도 흥미롭습니다. 공주가 입맞춤을 받고도 깨어나지 않거든요. 이때 우리는 길에서 마주친 남성의 입맞춤만으로 진실한 사랑을 알 수는 없다는 사실을 다시 한번 깨닫게 됩니다. 대신 어쩌다 엄마처럼 공주를 키워 오며 자신의 저주를 후회하게 된 말레피센트의 참회 어린 입맞춤이 공주를 잠에서 깨웁니다. 16세 소녀를 진심으로 사랑하는 사람은 첫눈에 반한 왕자가 아니라 오랜 시간 돌보며 공주를 사랑하게 된 말레피센트였던 거예요.

진실한 사랑의 주체가 계모냐 생모냐, 남자냐 여자냐는 중요하지 않습니다. 공주가 오로지 왕자의 입맞춤에 의해서만 깨어날 수 있다는 것은 거짓말이지요. 이것이야말로 인간을 이해하는 새로운 관점이 아닐까요? 이런 관점의 변화는 아마도 여성의 구원자는 남성이고, 흔히 말하듯 '백마 탄 왕자'처럼 보무도 당당하게 등장한다는 환상을 뒤틀고 인간관계의 본질을 보게 해 줄 것입니다.

이처럼 성 인지 감수성이란 기존의 성 고정관념을 성찰하고 인간을 진심으로 이해하는 데 힘이 되어 줍니다. 성 인지 감수성을 통해 새로운 관점으로 사물과 사건을 구성해 봄으로써 사물과 사건을 보다 온전하게 파악할 수 있는 것이죠. 성에 대한 왜곡된 인식에서 비롯된 성별 갈등을 바로잡고 혐오 등의 담론에서 벗어날 수 있게 도와줍니다. 성 고정관념이 강한 사람은 쉽게 역차별 정서를 느끼며 성별 갈등을 조장하기 쉬워요. 성별 문제를 왜곡해서 바라보며 혐오의 감정에 빠져들게 됩니다. 마치 마녀에 대한 혐오처럼 말이죠.

우리는 참으로 많은 성 역할 고정관념에 사로잡혀 있습니다. 혹시 '용감한', '자신감에 찬' 이런 말을 들으면 남성이 먼저 떠오르지 않으세요? '부끄러운', '얌전한' 등의 표현은 여성에게 더 어울리는 것 같지 않나요? 그러나 현실 속에는 용감한 여성도 많고, 부끄러움을 많이 타는 남성도 많다는 것을 우리는 이미 알고 있습니다.

고정관념을 깨닫지 못한다면 진정으로 자유로울 수 없어요. 자신의 자기다움을 실현할 수도, 다른 사람을 있는 그대로 볼 수도 없습니다. 특히 조선 시대 유교 문화의 영향으로 성 역할 고정관념이 아직 많이 남아 있는 우리 사회에서 자신의 생각 속에 성 역할에 대한 고정관념이 있는지 점검해 보는 것은 매우 중요한 일입니다.

성 인지 감수성이란?

성 인지 감수성(gender sensitivity)이란 일상 속에서 성별에 따른 고정관념으로 인한 차별이 있음을 인지하는 민감성을 말합니다. 1995년 중국 베이징 제4차 UN 여성 대회에서 사용된 이후 국제적으로 통용되는 용어가 되었고, 우리나라에서도 여성 발전 기본법과 더불어 2000년대 초반부터 사용되고 있습니다.

2018년에는 학생을 성희롱하여 학교에서 징계를 받은 대학교수가 해임 결정 취소 소송을 하였으나 재판부는 "법원이 성희롱 관련 소송 심리를 할 때는 그 사건이 발생한 맥락에서 성차별 문제를 이해하고 양성평등을 실현할 수 있도록 성 인지 감수성을 잃지 말아야 한다."고 하여 원고가 패소한 판결이 있었습니다. 이로써 성 인지 감수성은 법률적으로도 중요한 용어가 되었습니다.

성별 고정관념을 극복하기 위해서는 본인이 가지고 있는 고정관념을 관찰할 수 있는 성찰력과 이에 대한 지식을 함양하는 지력, 성차별을 변화시키고자 하는 실천력이 필요합니다. 성 인지 감수성이 높아야 성차별적인 언어, 관습, 제도를 바꾸어 갈 수 있는 인지력을 갖출 수 있습니다. 더불어 정형화된 성 역할로 스스로를 재단하지 않고 존엄성을 지키며 상대방과 나의 차이를 배려한 관계 맺기가 가능하다는 점에서 다양성 시대에 갖추어야 할 중요한 사회적 능력이라 할 수 있습니다.

왕비는 왜 제일 예뻐야만 했을까

이 세상에서 누가 가장 예쁘냐고 물어보는
왕비의 마음은 어떤 것이었을까요?

"거울아, 거울아, 이 세상에서 누가 가장 예쁘니?"

왕비가 묻습니다.

"그야 물론 눈부시게 하얀 얼굴에, 흑단같이 까만 머리, 태양처럼 빨간 입술을 가진 백설 공주님입니다."

우리가 어린 시절에 읽었던 「백설 공주」의 비극은 여기서 시작됩니다. 주인이 묻는 말에 거짓을 고할 수 없는 거울의 이 대답은 왕비의 질투심을 불러일으켰습니다. 분노에 가득 찬 왕비는 사냥꾼에게 백설 공주를 죽이라고 하지요. 사냥꾼은 백설 공주를 죽인 척하고 그 증거로 멧돼지의 심장을 가져옵니다. 아름다움에 대한 왕비의 승부욕은 엄청나서 백설 공주가 죽지 않았다는 사실을 알고는 자신의 경쟁자를 제거하려고 사과 장수 할머니로 분장을 하고 숲속으로 잠입하기까지 합니다. 이미 숲속에서 난쟁이들과 살고 있기에 세상 사람의 눈에 뜨일 가능성이 거의 없는 공주를 왕비는 왜 그토록 무자비하게 대한 걸까요?

　저라면 처음부터 누가 제일 예쁜지 묻는 질문은 안 했을 거예요. 대신에 '요즘 백성 중 가장 배고픈 자가 누구이며 가장 힘든 백성은 누구냐?'고 물어보고도 싶고, '가장 선행을 많이 한 백성은 누구냐?'고 물어볼 것도 같아요. 조금 더 복잡한 질문에도 답할 수 있다면 백성들이 골고루 집을 한 채씩 가질 수 있는 방법을 찾아보라거나, 그런 질문이 불가능하다면 이 문제에 가장 해박한 전문가가 누구인지 같은 걸 물어볼 것 같아요. 도대체 왕비가 세상에서 가장 예뻐야 할 필요가 있는지 모르겠거든요.

　왕이 더 예쁜 여자를 찾으면 왕비의 자리를 빼앗길까 두려워서라고요? 왕비가 된 이유가 자신이 세상에서 제일 예쁘기 때문이니, 그 지위를 놓치는 순간 언제든 대체될 수 있다고 생각했기 때문이라고요? 그렇다면 왕비의 마음을 이해할 수도 있을 것 같습니다. 왕이 더 예쁜 여자를 왕비로 앉힐 게 두려운 나머지 아직 어린 딸 백설 공주의 미모까지도 두려웠나 봅니다. 그렇게 생각해 보니 왕비의 잔인함과 집요함이 이해가 되기도 합니다. 왕이 외모만을 기준으로 의리도 원칙도 없이 왕비를 내친다면 왕비만을 탓할 수는 없겠네요.

　만일 왕이 외모만으로 왕비를 선택하는 인물이었다면, 뭔가 잘못되어도 한참 잘못된 왕입니다. 그러니 자신의 사랑스러운 딸, 백설 공주를 잃은 것입니다. 올바른 아버지라면 아무리 바빠도 딸이 잘

크고 있는지 살펴야 했겠지요. 딸이 자신이 선택한 새 배우자에게 괴롭힘을 당하고 죽음의 위기에 몰렸을 뿐 아니라, 집에서 쫓겨나 갖은 고생을 하는 동안에도 전혀 딸의 안위를 챙기지 않았으니 너무 이상한 아버지 아닌가요?

이젠 세상이 바뀌었습니다. 얼굴이 못생겼다고 내쳐지는 왕비도 없을 뿐 아니라 집안일에 이토록 무심한 왕은 좋은 왕이 될 수 없는 시대가 된 것이지요. 그러니 이제 답해 보세요. 당신에게 진실만을 말하는 마법의 거울이 주어진다면 어떤 질문을 하고 싶으세요? 이 세상에서 누가 가장 예쁘냐고 물어보는 왕비의 마음은 어떤 것이었을까요?

피오나의 선택

....

"왜 사람들은 보이는 것 너머에
또 봐야 할 것이 있다는 걸 알지 못하지?"
-「슈렉」중에서

인생의 동반자를 만날 때 가장 중요한 것은 무엇일까요. 다음 중 골라 보세요. 하나를 선택하면 다른 조건들은 포기하는 것입니다. 자, 뭘 고르시겠어요?

1. 매력적인 외모
2. 어마어마한 재력이나 권력
3. 상대방을 즐겁게 하는 사이다 유머 감각
4. 콧바람에 훅 날아가지 않을 진정성 있는 마음과 태도

다 필요하다고요? 사람이 외적 매력도 있어야 하고 재력이나 권력도 좀 있어야겠고, 만나서 재미있으면 좋을 것 같고……. 압니다. 그래도 결국 하나만 골라야 한다면요?

26

그중 4번을 고른 슈렉 이야기를 한번 해 볼까요. 디즈니 애니메이션의 전성기를 이끈 주역, 제프리 카젠버그(Jeffrey Katzenberg)가 설립한 드림웍스에서 최고 흥행작이 된 「슈렉(Shrek)」(2001). 초록 도깨비 슈렉은 애니메이션 역사상 가장 매력적인 캐릭터로 손꼽힙니다.

피오나 공주를 사랑에 빠지게 한 슈렉의 매력은 무엇일까요? 매력 뿜뿜 발산하는 멋진 외모요? 사람에 따라 다르겠지만 일반적으로 볼 때 슈렉은 그렇지 않아요. 슈렉은 배불뚝이에 작은 귀, 초록색 피부를 가진 도깨비입니다. 그는 혼자 있는 것을 좋아했습니다.

"문제가 있는 건 내가 아냐. 세상이 날 삐딱하게 봐. 사람들은 날 보면 "사람 살려, 도망쳐, 징그럽고 추한 괴물!"이라며 날 알기도 전에 비판부터 해. 그래서 혼자가 되려는 거야."

슈렉은 세상이 자신에게 가지고 있는 편견을 잘 알고 있었어요. 그러나 슈렉은 슬퍼하지도 우울해하지도 않아요. 세상이 그런들 슈렉은 초연합니다. 어마어마한 재력과 권력이요? 슈렉에게 그런 게 있을 리 없잖아요? 그냥 숲속에 사는 순박한 도깨비일 뿐인데? 상대방을 시원하게 하는 사이다 유머? 없어요. 무뚝뚝해요. 혼자인 게 전혀 외롭지 않을 정도로 쿨하고, 그런 만큼 누군가를 재미있게 해 줄 능력도 의지도 없어요.

슈렉은 디즈니의 다른 애니메이션 주인공들과는 너무나 많은 차이가 있습니다. '만찢남(만화를 찢고 나온 남자)'이라는 말이 생겼을 만큼 잘생긴 외모에 탁월한 능력을 가진 훈남들, 멋진 왕자들…….

슈렉은 이런 만찢남과 견주기에는 어림없는 스타일이죠. 슈렉은 공주와의 결혼으로 신분 상승을 꿈꾸는 영주의 명을 받아 마법의 성에 갇힌 피오나 공주를 구하러 갑니다. 말하자면 슈렉은 왕자도 아닌 영주의 심부름꾼이었던 거예요.

그가 구해야 하는 피오나 공주는 어떤가요? 공주는 마법의 성에 갇혀 있으며 진정한 사랑의 입맞춤으로 잠에서 깨어나게 되어 있습니다. 그러나 피오나 역시 이전의 공주와는 달라도 한참 다릅니다. 그녀는 사실 깊은 잠에 빠져 있지도 않고 순진하고 연약한 영혼의 소유자도 아닙니다. 영주의 성으로 돌아오는 길에 만난 무슈 후드 일당을 때려눕힐 정도로 무술 실력이 대단하기도 하고요.

이 여행길에서 두 주인공은 엎치락뒤치락하다가 서로의 외로움을 이해하며 진정한 사랑의 감정을 느끼게 됩니다. 그 얼토당토않은 디즈니식 입맞춤 같은 게 없이도 말이죠. 영주의 성에 도착해서야 공주는 초조하게 사랑의 입맞춤을 기대해요. 그래야만 저녁이 되면 추한 모습으로 변하는 마법에서 풀려날 수 있기 때문입니다. 공주에 대해 오해하기도 했지만 결국 자신의 마음에서 우러나오는 진심을 거스를 수 없었던 슈렉……. 결국 둘은 운명의 입맞춤을 합니다. 그럼 그렇지. 사랑이 먼저고 그다음이 입맞춤이지. 난데없는 '만찢남'의 입맞춤은 사실 추행에 불과한 거잖아요.

초록 도깨비 슈렉의 사랑 이야기는 전미 박스 오피스 1위, 미국 2억 6,700만 달러, 해외 2억 1,600만 달러의 수입을 거두는 놀라운 인기를 누렸어요. 이 의미는 무엇일까요. 만찢남, 만찢녀의 상투적인 사랑 이야기에 관객들이 그동안 식상했다는 것을 의미하지 않을까요? 내가 어떻게 생겼든, 어떤 생활 패턴을 가졌든, 나는 내 스타일을 사랑해. 내 스타일대로 살아갈 거야. 그리고 너의 있는 그대로를 존중할 거야. 그 멋진 파격에 박수를 보낸 것이겠죠. 그러니 슈렉에 버금가는 매력을 지닌 우리야말로 신나게 살아 보자, 이런 이야기를 드리고 싶어요.

"왜 사람들은 보이는 것 너머에 또 봐야 할 것이 있다는 걸 알지 못하지?"

아직도 무엇이 가장 중요한지 고르기 어렵다는 당신에게 슈렉의 한마디를 남깁니다.

동화 다시 읽기

....

전래 동화란 전설이 발전하여 이루어진 어린이들을 위한 이야기입니다. 전설에서 시작된 옛날이야기이므로 오늘날과는 조금 다른 생각이 담겨 있을 수 있겠지요. 그러나 오랫동안 익숙하게 들어 온 이야기의 재미에 흠뻑 빠져서 그런 문제들을 발견하지 못하는 경우가 많습니다.

우리가 어린 시절에 재미있게 읽었던 동화 「선녀와 나무꾼」이 오늘날의 관점에서 보면 끔찍한 범죄를 합리화하고 있다고 말하는 사람들이 있습니다. 착한 성품을 지닌 아름다운 사랑꾼으로 묘사된 나무꾼이 사실 절도, 감금, 강간 등의 범죄를 저지른 사람이라는 것입니다. 그런 이유로 한 학부모는 「선녀와 나무꾼」을 교육 자료로 사용하지 못하도록 해 달라는 청와대 국민 청원을 올리기도 하였습니다. 이런 학부모의 적극적인 행동에 대해 어떻게 생각하시나요?

최근 스페인 학교들이 성차별적인 내용이 담긴 아동 도서를 도서관에서 퇴출하는 방안을 검토 중이라는 외신 보도가 있었습니다. 우리에게 익숙한「잠자는 숲속의 공주」,「빨간 모자」,「신데렐라」와 같은 동화가 심각한 성 고정관념을 담고 있어 6세 이하의 아이들에게는 악영향을 끼칠 수 있다고 본 것입니다. 바르셀로나 자치 정부가 운영하는 한 학교 도서관의 아동 도서를 면밀히 검토해 보니 상당수에 성차별적 내용이 들어 있었다고 해요. 남자 주인공은 악당과 싸우고 곤경에 처한 사람을 돕는 용감한 영웅으로 그려지지만, 여자 주인공은 남자 주인공에게 구원을 받는다는 식으로요. 이쯤 이르자 주변의 다른 학교 도서관에 있는 동화도 같은 문제가 있는지 파악하고 대처하기로 하였다고 합니다.

이러한 움직임을 보면 확실히 우리나라와 온도차가 느껴지죠. 동화는 동화일 뿐인데 너무 지나치다고 생각하시나요? 사실 스페인에서도 성차별적 동화 퇴출 움직임에 대한 비판이 없는 것은 아닙니다. 고전은 그것만의 가치가 있는 것인데 특정한 기준으로 검열하는 것은 위험하다는 지적을 받기도 합니다. 그렇지만 고전 동화여도 성 고정관념을 심어 주는 내용은 아이들에게 해롭다는 데에 많은 이들이 공감했습니다. 더불어 유아 단계에서부터 성 고정관념을 깨고 성 인지적 관점 형성을 돕는 동화책을 읽는 것이 매우 중요하다는 데 동의했고요.

사회는 변하고 있고 갈수록 성평등 이슈는 중요해질 겁니다. 유아기에 자신의 정체성 형성을 위한 대부분의 경험을 하고, 여기에 동화나 영화 등 주변의 모델로부터 받는 영향이 크다는 것을 생각한다면 우리도 나름의 대처 방안을 고민해 봐야 하는 게 아닐까요? 소중한 우리 아이들의 진정한 자유를 위해서요.

나다움 어린이책을 아세요?

여성가족부는 다양성을 존중하고 성 인지 감수성을 키우는 어린이책을 고르는 기준 10가지를 제시했습니다(2019.7). 우리 아이들이 책을 통해 성별 고정관념과 편견에서 벗어나, 다양성을 존중하고 남자다움이나 여자다움이 아닌 '나다움'을 배우고 찾을 수 있도록 도우려면 보다 명확한 기준이 필요하다고 보았기 때문입니다. 어린이책뿐만 아니라 다양한 대중 매체를 평가할 때도 유용한 기준이 되리라 생각합니다.

기준	범주	핵심 가치
인물이 성별 고정관념에서 벗어나 자기 발견과 성장을 추구하나요?	주체성 몸의 이해 일의 세계	자기 긍정
몸의 성장과 변화를 긍정적으로 바라보고 있나요?		
인물이 성별 차이 없이 다양한 영역에서 활동하나요?		
다양한 가족 형태를 긍정적으로 보여 주나요?	가족 사회적 약자 혐오 표현	다양성
사회적 약자의 자기 발견과 성장을 편견 없이 보여 주나요?		
사회적 약자에 대한 혐오가 드러나지는 않나요?		
인물, 상황, 배경의 묘사가 성별 고정관념 없이 다양한가요?		
인물에 대한 평가와 보상의 기준이 성별 차이 없이 적용되나요?	사회적 인정 안전 연대	공존
어린이에게 자기 몸에 대한 권리를 알려 주고 있나요?		
서로 연대하고 협력하는 모습이 드러나나요?		

(출처: 여성가족부 홈페이지)

장난 편지

성차별 의식과 언어를 가진 사회가
정의로울 수 있을까요?

한 초등학교에서 있었던 일입니다. 이제 중학교에 가면 친구들과 흩어질 수 있으니 짝꿍에게 편지 쓰는 시간을 가졌습니다. 한 남학생이 여학생에게 "중학교 가면 까불지 마. 여자는 얌전해야지. 장난이고, 친하게 지내자."라고 썼습니다. 이 편지를 어떻게 받아들여야 할까요? 글쎄요. 그저 조금은 장난기 있는 남학생의 유머 있는 편지처럼 보이기도 합니다.

편지를 받은 여학생은 어떻게 했을까요? 픽 웃으며 "내가 너무 까불었니? 충고 고맙다. 얌전해질게." 그럴 수도 있겠죠. "너나 까불지 마. 넌 뭐 조용했는지 알아?" 이렇게 농담으로 받아칠 수도 있고요. 그런데 이 여자 친구는 "여자로 태어난 건 죄가 아니야."라고 말했습니다. 여자로 태어났다고 해서 꼭 얌전하란 법은 없는데 그렇게 말하는 건 옳지 않다고 생각했겠지요. 그런데 남학생은 "야, 너 뭘 그

34

런 식으로 말하냐." 라며 여자 친구를 한 대 때렸습니다. 교실은 순간 조용해졌습니다.

선생님이 어찌 된 일이냐고 물어보셨습니다. 둘은 있었던 일을 이야기했고, 선생님은 남학생에게 여학생의 말 때문에 친구를 때린 거냐고 물어봤습니다. 남학생은 그렇다고 인정했습니다. 자, 그럼 이 일은 어떻게 처리되었을까요? 선생님은 여학생을 쳐다봤습니다. 그리고 이렇게 말씀하셨습니다. "네가 너무 예민해서 그래. 장난으로 그런 건데 그렇게 말하니 기분 나빠 그런 거잖아. 장난은 장난으로 받아야지." 여자 친구는 놀랐습니다. '혼이 나야 할 사람은 저 친구인데 지금 내가 왜 혼나야 하는 걸까?'

여학생은 화가 나서 집으로 돌아가 부모님께 말했습니다. 부모님은 내 편이겠지. 그런데 이런 말씀이 돌아왔습니다. "그러니까 평소에 좀 까다롭게 굴지 마라. 여자애가 좀 보듬을 줄도 알아야지. 하나밖에 없는 남동생 라면 끓여 주는 걸 한 번 못 봤다."

이 상황은 해묵은 성 역할 고정관념 때문에 일어난 일입니다. 선생님이나 부모님 모두 여성은 수용적이며 피해를 받지 않기 위해 조심해야 한다는 고정관념이 있었습니다. 이 사건으로 인하여 남학생은 남성으로서의 특권 의식을, 여학생은 피해에 대한 억울함을 가지게 됐겠지요. 아마 비슷한 상황이 되었을 때 아무 말도 하지 않는 사람이 되어 있을지도 모릅니다. 이런 상황은 우리의 일상에서 그리 멀지 않습니다. "여자가 조신하지 못하게.", "남자가 그럴 수도 있지."라는 말을 수없이 들었고 해 왔습니다.

　　남학생이 여자 친구를 때린 것은 누가 봐도 잘못입니다. 돌이켜
보면 애교 있게 보아 넘겼던 남학생의 편지부터 잘못입니다. 여학생
에게 차별적인 말을 하고도 장난이라고 얼버무렸잖아요. 여학생이
불편한 감정을 표시했을 때, 미안하다고 사과만 했어도 좋았겠지요.
그런데 그러지 않았고 심지어 선생님까지도 바로잡아 주지 못했으
니 남학생의 성차별 의식은 한동안 개선되지 않을 것입니다.

　　잘못된 편지에서 비롯된 이 소소한 사건에서 아무런 잘못을 하
지 않은 사람은 여학생뿐입니다. 남학생도, 선생님도, 부모님도 평
소에 가졌던 고정관념에 따라 무심하게 행동함으로써 정당한 자기
표현을 한 여학생을 상처받은 사람으로 만든 것입니다. 이런 사람들
이 만든 세상에서 우리가 살고 있고, 말하고 있습니다. 이런 생각과
언어를 가지고 사회가 정의로울 수 있을까요? 불가능하다면 우리의
말과 행동을 처음부터 되돌아봐야 하는 건 아닐까요? 우리는 억울
한 이가 없는 사회를 만들고 싶은 사람들이니까요.

차별 없는 학교 만들기

성별의 차이는 개인별 차이보다
중요하지 않을 때가 많아요.

남자 학교에서 공학으로 전환하게 된 고등학교 선생님들을 만날 일
이 있었습니다. 역사가 오래된 학교였지만 신도시가 들어서면서 지
역 분위기가 낙후되었고, 학생들의 의욕도 많이 사라졌다고 했어요.
듣기만 해도 속상한 일입니다. 그 학교 선생님들은 고심 끝에 도약
을 위해 변화를 시도했는데 과연 그 결정이 옳은 것일까 걱정이 많
아 보였습니다.

"선생님들이 막연히 걱정하세요. 요즘 스쿨 미투(Me Too)도 그렇
고 학생들 간의 이성 혐오도 그렇고 문제가 늘 일어나잖아요. 또 선
생님들이 여학생들을 어찌 대할지 모르겠다고 난감해 하시거든요."
"결과는 일을 풀어 나가기 나름이니 과도하게 긴장하지 마세요.
시작하면 기우였다고 생각하실 거예요. 학생이 다 같지, 여학생이라

고 다를 게 있을까요?"

"같은 학생인 건 맞지만 분명 차이는 있을 것 같아요. 차이를 존중해야 한다고도 하고요."

"차이를 존중한 평등, 중요하죠. 예컨대 시각 장애인과 시험을 같이 본다면 점자 시험 문제지를 배부해 줘야죠. 그러나 성별의 차이는 개인별 차이보다 중요하지 않을 때가 많아요. 학생들을 오히려 동등하게 대하세요. 무거운 게 있으면 같이 들게 하고, 정리정돈도 성별 구분 없이 적성에 따라 하도록 하시고요. 동료 의식을 가지도록 하시면 좋을 듯해요."

"남학생들도 걱정입니다. 기대에 부풀어 있다가 사고라도 칠까 봐서요."

"남학생들요? 지금 남고에 다니고 있다가 환경이 바뀌는 학생들의 기대가 클 수도 있겠죠. 그렇지만 학교 측에서 일관성을 가지고 동등하게 대하면 학생들은 금방 정리가 될 거예요. 지금이 물론 과도기겠지요."

그럼에도 선생님의 걱정 어린 질문이 이어집니다.

"데이트요? 간단한 원칙을 말해 주세요. 뭐든 동의를 받고 행동하라고 가르치세요. 물론 학생 성별을 떠나 모두 마찬가지죠. 인간 사이의 모든 행동은 반드시 상대방의 의사를 묻고 동의를 받았을 때 이루어지도록 가르치셔야 합니다. 어색한 웃음이 동의라고 생각하는 건 금물이고요. 침묵은 매사에 그렇듯이 소극적 동의가 아니라 소극적 거절의 표현임을 알려 주세요."

"여학생들이 운다고요? 시험 문제 잘못 풀었다고 울기도 한다고요? 안 그러길 바라지만 그냥 두세요. 슬픈 거야 감정이니 어쩔 수 없지만 우는 걸로 이익을 본다면 그거야말로 온정적 성차별이죠. 여학생의 역량 강화에도 방해가 됩니다."

"공학이 되면 역차별 문제가 생기고, 남학생이 내신에서 손해 본다는 의견은 별로 합리적으로 보이지 않아요. 공정하게 공부하는 거잖아요. 서로 성실하게 학생 역할을 하다 보면 좋은 동료가 되겠지요. 혹시 지금까지 여자가 무서워서 못 살겠다고 생각하신 선생님 계신가요?"

질문을 들은 선생님들이 실소하듯 웃으셨어요. 팽팽한 긴장감이 사라지고 공기의 순환이 원활해졌습니다. 물론 아무리 간단한 원칙이라도 현실에서 실천하기는 쉽지 않다는 걸 알고 있습니다. 그러나 분명 고민한 만큼 성과도 있는 거니까요. 이 학교의 새로운 시도가 성공하여 변화를 선도하는 매력적인 학교로 거듭나기를.

아름다운 삭발

....

"너는 지금의 그 모습 자체로 완벽하단다."

이번에는 다른 나라 아이들의 이야기를 해 보려 합니다.

미국의 한 초등학교 3학년 학생들이 탈모증을 앓고 있는 친구를 위해 단체 삭발을 한 이야기를 알고 계시나요? 오클라호마주에 사는 루크는 어린이인데도 탈모증이 있었습니다. 친구들과 달리 머리카락이 없는 자신의 외모가 부끄러웠고 성격도 소극적으로 변해 갔죠. 그 사정을 알게 된 친구들은 루크를 응원하고 싶어졌습니다. 14명의 반 아이들이 루크와 똑같은 모습으로 삭발을 하자고 의견을 모으고, 마을의 미용실에 가서 머리를 깎았다고 해요.

루크의 마음이 어땠을까요? 당연히 친구들에게 고맙고, 친구들과 어울리는 것이 즐거워졌겠지요. 친구의 아픔에 공감하고 어떻게 위로해 줄까 고민한 그 마음이 너무 아름답고 고와서 감동적입니다. 그 감동적인 이야기는 결국 세계적인 뉴스가 되었고요.

밀리의 이야기를 보도한 OWH뉴스의 트위터 캡처

　　머리가 짧다는 이유로 남자로 오인되어 축구 대회에서 억울한
일을 당한 친구를 위해 머리를 자른 아이들의 이야기도 있습니다.
축구를 너무 잘해 언니들과 함께 축구장을 누비는 미국 여자 어린이
축구팀 선수 밀리의 이야기입니다. 2017년 네브래스카주에서 열린
한 토너먼트에 출전한 밀리는 단지 머리칼이 짧다는 이유로 '남자'
선수로 오인되었고, 여자 팀에 남자가 들어가 있다는 오해를 받아
팀 전체가 규정 위반으로 실격되었습니다. 밀리는 긴 머리가 축구에
방해가 된다고 생각해서 자른 것뿐인데, 머리카락이 짧으면 남자일
것이라고 생각하는 고정관념 때문에 행정 실수가 빚어졌고, 그로 인
해 팀 전체가 불이익을 받은 것입니다. 밀리의 부모가 주최 측에 찾

아가 해명했지만 결정은 번복되지 않았다고 해요.

이런 위기에 축구팀 친구들이 밀리를 원망했을까요? 밀리는 부끄러워 도망쳤을까요? 아닙니다. 밀리는 머리카락이 짧다고 모두 남자는 아니라고 당당하게 항의했습니다. 동료로서 밀리에 대한 신뢰와 지지를 보여 주기 위해 팀원들도 모두 머리를 자르고, 자른 머리카락을 들고서 사진도 찍었지요. 이 이야기는 순식간에 퍼져 나갔습니다.

2015 프랑스 월드컵에서 우승을 차지한 미국 여자 축구 대표팀의 주장이었던 애비 웜바크(Abby Wambach)는 밀리에게 "너는 지금의 그 모습 자체로 완벽하단다."라는 글을 남기고 로스앤젤레스 축구 아카데미 캠프에 초대했습니다. 「빌리 진 킹: 세기의 대결」(2017)이라는 영화의 실제 인물이기도 한 테니스계의 살아 있는 전설 빌리 진 킹(Billie Jean King) 역시 이 사건에 관심을 표하고 응원의 메시지를 보냈습니다. 빌리 진 킹은 "여자가 코트에 없으면 공은 누가 줍죠?"라는 말이 나올 정도로 보수적인 테니스계에서 남자 선수와 성 대결을 펼쳐 승리해 세계를 깜짝 놀라게 한 선수이기도 합니다.

결국 네브래스카주 축구 협회는 사건의 경위를 조사하고, 밀리와 밀리 가족들에게 사과하는 글을 남겼습니다. 병 때문에 머리칼이 빠지거나 성에 대한 편견 때문에 좋아하는 축구를 마음껏 할 수 없게 된 것은 모두 속상하고 슬픈 일입니다. 그렇지만 그 아픔을 알고, 공감하고, 응원하는 동료가 있다는 것은 아름답고 감동적이지요.

루크와 루크처럼 삭발한 친구들 ©Susan Nelson

밀리와 친구를 위해 머리를 자른 아이들 ©Matt Dixon The World—Herald

그러고 보니 핑크 셔츠 데이(Pink Shirt Day)도 비슷한 맥락이네요. 핑크 셔츠 데이는 캐나다의 학교 폭력 예방 캠페인 중 하나입니다. 집단 괴롭힘이나 따돌림을 하지 말자는 의미로 1년에 하루 분홍색이 들어간 옷을 입는 날이에요. 전학 온 남학생이 핑크 셔츠를 입었다는 이유만으로 폭력을 당했다는 말을 들은 같은 학교 내 두 친구가 학우들에게 핑크 셔츠를 나눠 준 것으로부터 시작됐다고 합니다. 분홍색이 뭐 어때서? 우리도 그냥 분홍색을 입어 버리자. 정말 멋진 일이죠? 누군가 아프고 힘겨울 때, 그것을 외면하거나 놀리고 차별하는 사람이 있다면 생각을 이렇게 바꿔 보는 것이 어떨까요?

모두가 중심인 세상

··

나도 몰랐던 고정관념과 차별을 생각하는 열린 자세가
소수자의 인권을 증진시키는 출발선입니다.

2019년 4월 어느 날, 미국의 한 흑인 인권 운동가가 자신의 피부색
과 같은 반창고를 붙이고서야 일상에 숨겨진 인종 차별을 깨닫게 되
었다는 말과 함께 손가락에 반창고를 붙인 사진을 자신의 트위터에
올려 화제가 되었습니다. 사진에는 오른쪽 새끼손가락에 자신의 피
부색과 같은 짙은 갈색의 반창고가 붙어 있었습니다. 그동안 생각
없이 자기 피부색보다 밝은색의 반창고를 붙여 왔는데, 자신의 피부
색을 염두에 두고 제작된 반창고를 보며 어떤 소속감을 느끼게 되
었다고 했습니다. 그저 일상의 소소한 일로 치부될 수 있는 반창고,
서랍 이곳저곳에 굴러다니는 반창고에도 차별과 고정관념이 있었던
것에 놀라운 감정이 든 거겠죠. 그래서인지 많은 사람이 공감을 표
시했습니다. 대부분 이런 문제를 상상조차 못 했다, 그러한 무지에
미안하다는 마음을 표했습니다. 사진을 트위터에 올린 인권 운동가

인권 운동가 도미니크 아폴론의 트위터 캡처

는 사소한 일상에 숨어 있는 백인 중심주의가 사라지길 바란다고 희
망했습니다.

차별의 의도가 없었음에도 불구하고 다른 사정을 충분하게 고
려하지 못해 차별하게 되는 이런 일은 생각보다 많습니다. 우리는
흔히 어떤 것을 중심에 두고 나머지를 주변이라고 편하게 생각해 버
리니까요.

4월 20일 장애인의 날, 로스쿨에 입학한 한 시각 장애인 학습자
가 공부하기 위한 교재를 구하면서 겪은 어려움이 뉴스에 보도된 적

46

이 있습니다. 시각 장애인들은 정부에서 제공하는 시험용 책자를 역시 정부에서 제공하는 장애인 보호 기기를 활용해 점자책으로 변환하여 공부합니다. 교재가 한글 파일 형태여야만 점자책으로 변환할 수 있는데, 막상 제공되는 파일은 PDF 파일이었습니다. 하여 시각 장애인에게는 한글 파일 형태의 교재를 제공하여 달라고 요청했다고 합니다. 그런데 돌아온 답변은 다른 사람에게 제공하지 않는 한글 파일을 시각 장애인에게만 제공하는 것은 불가능하다는 것이었습니다. 장애인 차별 금지법에는 장애인이 장애를 이유로 자신의 권리를 제한하거나 배제, 분리, 거부 등을 당하지 않도록 명시되어 있습니다. 처음부터 점자책을 제공하지는 못하더라도 점자책으로 변환할 수 있는 한글 파일을 제공할 방법은 마련해야 하는 것 아닐까요? 비장애인 중심의 사고가 결국 장애인을 차별하는 결과를 가져온 것이지요.

'굴러라 구르님'이라는 유튜버가 있습니다. 이 유튜버는 뇌성마비 장애를 가진 여자 고등학생입니다. 장애인이 겪는 일상적 차별을 담담하게 들려줌으로써 많은 팔로워를 이끌고 있는 이 유튜버가 안전 대피 훈련에 대해 전한 이야기는 참으로 민망하고 미안한 마음이 들게 합니다. 굴러라 구르님은 안전 대피 훈련 때 한 번도 대피한 적이 없었다고 해요. 지진 대비 대피 훈련이든 전쟁 대비 훈련이든 언제나 모두 대피한 가운데 본인만 교실에 덩그러니 남겨져 있는 경험을 수년 동안 해 왔다고 말합니다. 처음에는 아무 생각 없었지만 시간이 갈수록 '진짜 이런 일이 있다면 나는 어떻게 대피하지?'라는 의문이 든 것은 당연하겠죠. 굴러라 구르님은 지진이나 화재로 승강기가 작동을 멈춘다면, 그래서 대피가 불가능하다면 장애를 가진 사람은 어떻게 해야 되는지 알려 주기라도 해야 한다고 말했습니다. 비장애인과 같은 방법으로 대피하지 못하더라도 최소한 어디로 피하라거나 창문 근처에는 가지 말라거나 하는 등의 매뉴얼이 있어야 하지 않겠냐면서요. 이 말을 듣고 여전히 장애인은 유사시에 배려받지 못하고 있다는 것을 깨달았습니다. 세상은 온통 비장애인이 중심이 되는 사회이기 때문입니다.

이처럼 특별히 차별하려는 의도는 없었지만 우리 의식에서 자연스럽게 무시되거나 배제됨으로써 차별받는 경우는 늘 발생합니다. 나도 모르게 가졌던 고정관념과 그로 인한 차별에 어떤 것이 있는지 생각하는 열린 자세야말로 소수자의 인권을 증진시키는 의미 있는 시작이 아닐까요?

진수도 빵이 먹고 싶다

당연한 차별이란 없습니다.

철이와 진수가 다니는 학교에서는 열 시쯤에 간식을 줍니다. 그런데 철이에게는 고소한 빵과 우유를, 진수에게는 그냥 우유만 준다면 진수의 마음은 어떨까요? 그렇게 해야 할 아무런 이유가 없는데도 말입니다. 아마 진수는 섭섭하겠지요? 철이는 아무렇지 않을까요? 아니요. 진수에게 조금은 미안할 것 같아요.

만일 진수에게 밀가루 알레르기가 있어서 빵을 먹을 수 없다면 어떨까요? 진수는 이것을 당연하게 받아들이겠죠. 철이가 먹는 빵을 보고 부러워할 수는 있지만 섭섭하거나 화가 나지는 않을 겁니다. 이건 두 아이의 상황의 차이에서 비롯된 것이지 차별이라고는 할 수 없을 테니까요.

자, 그럼 이번에는 생각을 조금 달리해 볼까요? 이번 시험에서 철이는 일등을 하고 진수는 꼴등을 했습니다. 선생님이 1등부터 5등까지는 잘했으니까 우유에 빵을 더 주는 것이라고 하면 어떨까요? 그래서 철이에게는 빵과 우유를, 진수에게는 그냥 우유만 준다고 한다면요?

이건 의견이 분분할 수 있습니다. 시험을 잘 본 것은 좋지만 그게 진수보다 빵을 더 먹을 이유가 될까요? 제 생각에는 오히려 성적이 오르지 않은 진수에게 격려의 빵을 주는 것도 나쁠 것 같지 않습니다. 성적이 더 좋다는 이유로 빵을 준다는 것은 조금은 불쾌하고 상쾌하지 않은 차별처럼 느껴집니다.

언젠가 이 주제로 한 학생과 대화를 나누며 "나는 이런 차별은 정당하지 않다고 생각해. 철이가 공부를 잘했다면 지식을 더 활용할 수 있는 기회를 주면 되지, 그게 빵을 더 먹을 이유가 되지는 않는다고 생각해."라고 말했습니다. 그 학생도 충분히 제 말에 공감할 거라고 생각하면서요. 그런데 그 학생은 전혀 다른 반응을 보였습니다.

"능력에 따라 차별하는 건 당연한 거 아닌가요? 철이가 공부를 더 잘했잖아요. 머리도 나쁘고 수업 시간에 게으른 친구보다는 머리도 좋고 열심히 공부한 철이가 빵을 상으로 받는 게 맞죠. 그건 차별이 아니라고 생각해요. 성적이 좋으면 상을 받아야 공부를 열심히 하지 그렇지도 않으면 너무 억울하지 않을까요?"

여러분은 어떻게 생각하세요? 언뜻 들으면 맞는 말처럼 들리지만 다른 생각도 있습니다. 공부는 공부를 좋아하는 사람이 열심히 하면 되는 것이지, 단지 빵을 더 얻기 위한 수단이 되어야 할까요? 철이가 공부를 좋아해서 성적이 좋았다면 공부하는 과정 자체가 즐거웠을 거예요. 만일 그렇다면 다른 사람보다 더 많은 지식과 정보를 다루는 일을 하게 될 것이고 그 자체가 철이를 행복하게 하겠지요. 제가 이야기를 이어가자 학생이 대답했습니다.

"만일 그렇다면 누가 공부를 하겠어요? 이렇게도 재미가 없는데……."

그건 공부를 싫어하는 학생들의 생각일 겁니다. 공부를 잘하는 학생에게만 빵을 주거나, 외모가 뛰어난 사람에게 빵을 주는 건 차별이에요. 빵은 배고픈 사람에게 주는 것이 온당하지요. 차별을 당연한 것으로 생각한다면 우리는 마침 불행의 돌을 맞아 힘든 사람들의 고통을 조롱하고 무시할지 모릅니다. 차별로 고통받는 사람이 없는 사회가 건강하고 행복한 사회인 것은 자명한 일입니다.

인공 지능이 사람을 차별해?

인간을 모방하는 인공 지능의 시대 초입,
우리가 누적해 온 차별의 데이터를 점검해 볼 때입니다.

인공 지능(Artificial Intelligence, A.I) 하면 어떤 것들이 떠오르나요? 이세돌 9단과 세기의 대국을 벌였던 알파고와 영화 「아이언 맨(Iron Man)」(2008)의 자비스가 떠오른다고요? 요즘 흔해진 말하는 A.I를 생각하는 분들도 많을 것 같아요. 인공 지능이 우리 일상으로 깊숙이 들어오고 있습니다. A.I.는 스스로 사고, 학습, 자기 개발 등을 하면서 인간 노동의 대부분을 대신할 거라고 해요.

　바둑 A.I.인 알파고가 이세돌 9단과 대전을 펼칠 때 많은 사람이 흥미진진해 했지만 결국 4:1로 인간이 패배했습니다. 그뿐일까요? 미국의 모 대학에서 사람과 A.I.가 동시에 진로 상담을 하고 그 만족도를 조사해 본 결과 A.I.에 대한 만족도가 더 높았다고 해요. 얼마 전 우리나라에서는 A.I가 인간 변호사와 법률 자문 대회를 펼쳐 완승을 거두기도 했습니다. 주목할 만한 일이지요. 탁월한 데이터 집적 능력과 감정에 좌우되지 않는 객관성으로 우수한 상담자의 역할을 수행한 것입니다. 그래서 전문가들은 앞으로 법조인, 의료인뿐 아니라 심리 상담가나 예술가도 A.I.가 대체할 수 있다고 보고 있어요.

A.I.의 시대가 오면 인간의 삶은 기계 특유의 공평함에 힘입어 더욱 평등해질까요? 불행하게도 그렇지 않을 것이라는 우려들이 훨씬 많습니다. 인공 지능은 결국 인간이 만든 데이터를 활용하는 것이므로 인간이 지닌 문제를 반복하리라 예상되는 것이죠. 일례로 A.I.에게 미인 대회 심사를 맡겨 봤더니 유색인 대부분이 1차에서 탈락되었다고 합니다. 집적된 데이터가 만드는 차별이 무엇인지 알 수 있겠지요?

A.I. 면접도 새로운 채용 방법으로 떠오르고 있습니다. 하지만 2014년 세계 최대 전자 상거래 업체인 아마존(Amazon)이 채택했던 A.I. 채용 시스템은 취업 희망자 이력서 평가에서 여자 대학 졸업 등 '여성'이 들어가면 경력 점수를 낮게 매기는 등 여성을 차별해 결국 폐기되었다고 합니다. 아마존의 결단에 박수를 보냅니다. 이는 그간의 평가 데이터에 차별이 있었음을 보여 주는 사례임과 동시에 편견에 가득 찬 통계와 데이터가 미래의 세계에 어떠한 영향을 미칠지 짐작케 하는 오싹한 사례입니다. 세계경제포럼(WEF)에서도 "남성을 많이 채용해 왔던 회사의 A.I.는 데이터가 부족해 여성 지원자를 입사자 범주에 포함시키지 않을 가능성이 크다. 이는 채용에서 여성

에게 불리하게 작용할 것"이라고 지적했다고 합니다.

비근하게 여성을 대상으로 한 범죄에서 그 책임을 피해자인 여성에게 물어 온 판례들이 많아 걱정입니다. 죄에 대한 판결을 A.I.에게 맡기는 순간 잘못된 관점으로 내려왔던 판결이 우리에게 미칠 영향이 얼마나 클지, 얼마나 큰 차별과 억울함을 조장할지 상상조차 할 수 없습니다.

A.I.가 상용화되기 전에 우리가 누적해 온 차별의 데이터를 점검해야 합니다. 씁쓸한 자화상을 지우고, 공정함을 다시 그리기 위한 법적 제도적 보완도 필요하고요. A.I.에게마저 차별받고 소외되는 사람은 없어야 하니까요.

자세히 오래 보세요

....

모두에게는 각자의 예쁨과 사랑스러움이 있습니다.

몇 년 전에 방영되었던 드라마「학교 2013」은 우리에게 더 이상 낯설지 않은 학교 폭력을 실감나게 다뤘던 드라마였습니다. 학교 폭력에 책임을 지고 강제 전학을 갈 뻔했던 지적 장애 학생이 다시 학교의 품에 돌아오는 장면은 사뭇 감동적이었죠. 유명한 시구처럼 그 누구라도 자세히 보고 오래 보면 그 사연이 눈에 들어오고 절절한 사연에 애틋해지는 순간이 있을 겁니다.

그러나 오늘날의 인간관계는 서로 경쟁하고 서로 소비되느라 예쁘고 사랑스러움을 느낄 새 없이 서로를 품평하고 또 금세 싫증을 냅니다. 시청률, 클릭 수가 이윤으로 연결되는 미디어는 때로 이런 분위기를 부추기며 상업적으로 이용합니다.「학교 2013」과 같은 메시지를 던지는 프로그램이 있는가 하면, 참을 수 없는 가벼움을 보여 주는 콘텐츠도 있죠.「본분 금메달」이라는 명절 특집 예능 프로그램이 있었습니다. '자고로 아이돌은 어떤 순간에도 예뻐야 하느니라'라는 슬로건을 내걸고 여자 아이돌들을 등장시켜 오래 매달리기 등 고통 속에서도 표정이 예쁜지, 상대방 개인기에 얼마나 리액션을 잘 하는지, 탑 쌓기에 방해받아도 분노 조절을 잘하는지 보여 주는 내용이었습니다. 섹시 댄스 경연을 시켜 놓고 몰래 몸무게를 잰 다음 이를 허락 없이 공개하기도 했습니다. 여기서 프라이버시는 철저하게 무시되었죠. 대체 이 프로그램의 콘셉트는 무엇이었을까요? 아이돌이라면, 여자라면 화가 나도 참아야 하고 언제나 예쁜 표정을 유지해야 하며, 타인의 행동이 어떻든 적극적으로 반응하는 자동인형이 되는 것이 본분이라고 말한 걸까요?

방송은 공공성을 지닌 것입니다. 더구나 10대 청소년으로 구성된 아이돌은 또래 모방성이 극히 높습니다. 아이돌이 나오는 방송이라면 청소년 정서에 미칠 영향을 깊이 생각해야만 하겠지요. 여성의 자동인형화, 수동화, 성적 대상화가 마치 여성의 본분인 것처럼 비친다면 창의적이고 능동적인 여성은 여성적이지 않다는 이유로 공격의 대상이 될 것입니다. 물론 수동적이고 아름답다고 하면 맹한 '된장녀'나 '김치녀'로 매도해 버리는 흔한 혐오 담론에도 휩쓸리지 말아야 하고요.

나를 나로부터 소외시키는 '얼평과 몸평'

난 너한테 외모로 평가받을 이유가 없어!

'얼평'이나 '몸평'이라는 말을 들어 보셨나요? 아이들의 교실에서 이런 말들이 자주 사용된다고 해요. 학생들이 서로의 얼굴과 몸매를 평가하며, 이런 분위기 때문에 외모에 지나치게 큰 관심을 기울인다는 이야기도 들려옵니다. 남학생들이 같은 반 친구들의 이름을 나열하고 토너먼트 형식으로 가장 예쁜 학생을 뽑는 경우도 있다고 합니다. '이 얼굴 실화냐?', '나 같으면 자살한다.' 같은 말도 서슴지 않는다고 하고요. 물론 그렇지 않은 학생들이 더 많겠지요. 그저 치기 어린 장난으로 가볍게 넘길 이도 있을 테고요. 하지만 '얼평', '몸평'이라는 말이 많이 쓰이는 만큼 아동기, 청소년기부터 이미 성적 대상화를 내면화하고 있는 아이들의 모습을 실제로 볼 때면 세상이 뭔가 잘못 돌아가고 있는 건 아닌가 생각하게 됩니다. 어른으로서 외모가 가장 중요한 자원이라고 생각되는 사회 풍조에 일조하거나 방관해 온 것은 아닌지 반성도 되고요.

하교 시간에 학교 근처를 걷거나 지하철을 타고 가다 보면 피부는 희게, 입술은 빨갛게 화장한 여학생들을 자주 볼 수 있습니다. 자기가 좋아서, 예뻐지고 싶어서 하는 화장인데 뭐가 문제냐고요? 흔히 자신의 외모 가꾸기가 스스로의 욕망에 의한 것이라 생각하지만 현실은 그렇지 않은 경우가 많아요. 외모가 끊임없이 평가의 대상이 되고 심지어 경탄의 대상이 되니 그냥 그 분위기에 동참하게 되는 것이죠. 외모에 대한 평가는 다분히 이중적이라는 데 또 다른 문제가 있기도 합니다. 어떤 친구가 화장을 하고 오면 하고 왔다고, 그냥 오면 너무 관심이 없다고 수군거립니다. 도대체 어쩌라는 걸까요.

상황이 이러니 아이들의 외모 가꾸기는 자신이 좋아서 하는 건지 남에게 잘 보이려고 하는 건지 구분하기 힘듭니다. 어쩌면 그 두 욕망을 나누는 것 자체가 의미 없는 일인지도 모르겠습니다. 물론 아름다운 외모 가꾸기는 인간이 자신을 표현하는 한 방식일 수 있습니다. 그러나 끊임없이 스스로 고민하고 탐구해야 하는 삶의 과정에서 사람을 외모로만 평가하고, 그런 평가에 과도한 신경을 쓴다는 것이 긍정적일 수만은 없을 겁니다. 누군가 나를 평가할 때 외모만을 기준으로 삼고, 그것 때문에 나의 기분이 좌우된다면 얼마나 불행할까요. 누가 뭐라고 하든 '난 너한테 외모 평가받을 이유가 없다.'라고 당당하게 말할 수 있다면 아마 이런 혼란도 막을 수 있지 않을까요? 외모는 내가 보이는 극히 일부의 모습일 뿐이니까요.

자기다움

나를 나 그대로 사랑하는 것,
좋은 관계의 출발점입니다.

10년 만에 만나도, 20년 만에 만나도 지인을 알아본다는 것은 참 신기한 일입니다. 그간 키와 얼굴, 몸매나 옷차림새는 물론 하는 일도 달라졌을 텐데 우리는 서로 누구인지를 거의 알아보게 되거든요. 모든 게 바뀌어도 알아볼 수 있는 그것, 그것이 바로 그 사람인 것입니다. '그다움'이라고 할 수도 있고 '정체성'이라고 할 수도 있는, 그 무엇을 가지고 사람들은 평생을 살아갑니다. 그것은 눈빛에도 숨어 있고, 웃음이나 손놀림, 사람들과 관계를 맺는 방식, 좋아하고 싫어하는 취향 같은 것에 골고루 숨겨져 있습니다.

그러므로 진짜 자기다움이 무엇인지 안다는 것은 매우 중요합니다. 그것은 평생 자기와 함께 할 것이고, 버리려고 해도 버려지지 않을 것이기 때문입니다. 그렇다면 그것을 존중하고 아껴야 하지 않겠어요?

얼마 전 우연히 한 출판사의 청소년문학상 대상을 받은 『체리새우: 비밀 글입니다』라는 제목의 책을 보게 되었습니다. 청소년기, 친구를 유난히 좋아하는 주인공 다현이는 친구들 사이에서 따돌림 당하지 않기 위해 클래식 음악과 글쓰기를 좋아하는 자신의 취향을 철저히 숨깁니다. '진지충'이라고 놀림받으며 은따를 당하고 싶지 않기 때문이지요. 따돌림을 당하면 친구들끼리 몰려다니고, 밥을 같이 먹고, 소소하게 웃는 그 모든 일이 불가능해지니까요.

그러나 자신의 취향조차 솔직하게 이야기하지 못하고 겉으로 주고받는 웃음에만 연연하는 관계가 정말 소중하기는 한 걸까요? 다현이는 은유라는 또 다른 은따 친구를 만나면서 자신이 지닌 문제를 다시 성찰해 보게 됩니다.

은유는 '다섯 손가락'이라는 친구 모임에 연연하는 다현이에게 어차피 모두는 한 그루 나무처럼 독립된 존재이며, 좋은 친구라면 서로에게 햇살과 바람이 되어 주면 된다고 말합니다. 네, 그래요. 친구가 아무리 좋아도 자기다움을 부정할 만큼 중요한 친구는 없어요. 친구는 나라는 나무를 비추는 햇살이자 바람이죠. 나무가 없는데 햇살과 바람만 좇으면 무슨 소용이 있을까요? 왕따, 은따면 안 되는 걸까요? 아닙니다. 시간이 지나면 또 나라는 나무를 좋아해 줄 햇빛과 바람을 만나게 될 거예요. 그러니 자기가 어떤 나무인지 알고 스스로를 사랑하는 나무로 성장하는 것이 무엇보다 중요합니다. 나란 나무를 사랑하는 것, 비록 옹이나 흠집이 있다고 해도 그 자체로 사랑하는 것이 좋은 관계의 출발점이 아닐까요?

옷차림 실험

옷차림은 그 의미에 경계를 둠으로써
성 역할을 강화하는 도구가 되기도 합니다.

치마 입은 남자라고 하면 어떤 사람이 떠오르세요? 치마를 입었지만 성격이 호탕한 여성이요? 혹은 의상 도착증이 있는 남자일까요? 몇 년 전 외국의 한 의류 업체에서 성을 짐작할 수 없는 패션인 젠더리스(genderless) 의류를 출시해 주목을 받았습니다. 그리고 주목받은만큼의 비난을 돌려받았죠. 그저 남성의 평상복 스타일을 여성에게 입혀 놓은 것에 불과했기 때문입니다. 디자인이 마치 옷장 정리하다 아들 녀석이 작아졌다고 안 입는 면 티셔츠를 걸쳐 입은 모습이었다고 하면 짐작이 될까요. 여성들이 성별이 도드라지지 않은 평상복을 입는 경우는 이미 흔한데, 식상함을 마치 획기적인 것처럼 포장한 것이 거부감을 일으키기도 했습니다.

옷차림 실험이라면 공식 석상에서 입는 옷의 성별화에 도전하는 것이 더 재미있을 것 같습니다. 최대한의 이목을 끌어 다수에게 영향을 끼칠 수 있으니까요. 예를 들어 미국의 트럼프 대통령이 투피스 정장을 입고 정상회담에 간다든가 세계 정상들이 모두 각색의 레이스 달린 스커트를 멋지게 차려입고 흩날리는 봄꽃들 사이를 걸으며 피크닉을 하는 장면이라도 떠올려 보세요. 그렇게 10년만 지나면 분쟁 지역의 국지전 몇 개는 줄어들 수도 있지 않을까요? 하기야 이런 상상은 젠더리스라기보다는 의상의 성별 교차네요.

배우 윌 스미스의 아들이자 스타일 아이콘으로 통하는 제이든 스미스(Jaden Smith)는 성별 구분 없이 패션을 즐기는 것으로 유명합니다. 이를 눈여겨본 한 명품 브랜드의 '여성복' 모델을 한 적도 있죠. 드레스를 입고 등교하며 "스타일은 창조에 대한 것이고, 한 세대를 입히는 것이고, 한 세대를 돕는 거고, 한 세대를 가르치는 거예요. 그냥 자신이 되세요."라는 멋진 말을 남겼다고 해요. 성별화되고, 계층화되고, 차별적인 사회에서 그냥 자신이 된다는 게 쉬울 수는 없는 노릇입니다.

2019년 아카데미 시상식에서는 가수 겸 뮤지컬 배우 빌리 포터(Billy Porter)가 드레스를 입고 나와 세계적 주목을 끌기도 했습니다. 상의는 남성용 턱시도를 입었는데, 하의는 풍성한 벨벳 드레스를 입었으니 여장의 개념은 아니었습니다. 시상식에서 입은 파격적인 의상은 미국 대통령 영부인의 옷도 디자인하는 미국의 유명한 패션 디자이너가 만들었다고 해요. 옷 모양이 어땠냐고요? 다양성과 개성을 존중하는 제 눈에는 매우 개성적이고 아름다워 보였습니다.

빌리 포터의 젠더리스 드레스

하기야 유럽의 중세로 돌아가 보면 가발이나 스커트, 하이힐이 모두 남성의 것이었잖아요. 옷이고 무엇이고 굳이 경계를 둔다는 것이 별 의미가 없는 것 같아요. 옷차림은 그 의미에 경계를 둠으로써 성 역할을 강화하는 도구로 사용되기도 하니까요.

세계 각국의 학교들이 젠더리스 교복을 도입하는 것도 이러한 자성의 결과일 것입니다. 성별 고정관념으로 학생의 행동을 제한하지 않고 자유로운 선택을 존중하는 거죠.

치마 입은 남성을 상상하며 그에 대한 내 심리적 반응은 어떤지 체크해 보시겠어요? 그냥 상상해 볼 만하다고 한다면 편견이 매우 적은 편이라고 생각해도 좋을 듯합니다.

성 없는 사회의 자유

생물학적 차이를 역할의 차이와 연결시키지 않고,
자유롭게 자기다울 수 있는 사회

좋아하는 사람들과 함께 지내며 적성과 취향이 맞는 일을 하고 살수 있다면, 그것을 바탕으로 인간다운 품위를 유지하고 살 수 있다면 행복하지 않은 사람은 없을 겁니다. 이런 사회가 이상적이라면 그런 사회를 만들기 위해 우리는 무엇을 해야 할까요. 더구나 결국 인공 지능이 우리 삶의 패턴을 바꿔 놓고 말 텐데요.

인공 지능은 인간의 학습 능력과 추론 능력, 지각 능력, 언어 이해 능력을 갖춘 컴퓨터 시스템으로 인간의 노동을 빠르게 대체하는 중입니다. 음식을 주문하는 등 단순 반복적인 일부터 의료, 법률과 같은 복잡한 일까지 지치지도 않고 기억력도 뛰어난 인공 지능으로 대체되지 못할 것은 없죠. 이러한 변화가 사람의 일자리를 빼앗지 않도록 사회 설계만 된다면 우리 삶은 매우 편리해질 거예요. 어렵거나 지루한 일은 로봇의 도움을 받고 우리는 단순하고도 쉬운 일을 하게 될지도 모릅니다. 결국 인간의 노동은 삶을 유지하기 위한 수단이기보다 삶을 즐기기 위한 수단으로 바뀌게 되겠죠. 이런 시기를 맞이한다면 인간은 스스로의 격을 높여 공존하고, 잘 놀 수 있는 인격을 갖추어야 할 것입니다.

사회가 이렇게 변화되어 갈 때, 인간의 성이란 어떤 의미를 가질지 한번 생각해 볼까요? 사람들은 자기다움이 어떤 것인지에 더 주목하게 될 것입니다. 성 역할보다 스스로가 원하는 가치 자체에 집중하게 되겠지요. 그래서 미래 사회는 단지 성평등한 사회가 아니라 성 구분이 없는 사회 즉, 성에서 자유로운 사회가 될 것임을 짐작할 수 있습니다.

그 구체적인 모양새를 그려 보는 데 스웨덴이 좋은 예시가 될 것 같아요. 스웨덴은 세계적으로 성평등이 가장 잘 이루어진 국가로 평가받습니다. 스웨덴은 공공 화장실에서 성별 구분이 없앤 지 10년이 넘었다고 해요. 대신 장애인과 성 소수자가 모두 함께 사용하기에 불편 없는 화장실로 디자인했습니다. 화장실 하나당 차지하는 면적은 크지만 성별 구분이 없으므로 공간 활용이 더욱 실용적이라고 합니다. 국방의 의무도 평등하게 수행합니다. 여성도 전투, 병참 할 것 없이 다양한 병과에 배치되어 1년 동안 복무합니다. 성평등 수준이 높은 것처럼 복지 수준도 훌륭해요. 안정적 일자리, 민주적인 가족 문화의 구성, 다양한 복지 시스템의 마련으로 삶의 만족도를 높여 복지 천국이라 불릴 정도니까요.

스웨덴 스톡홀름의 한 화장실 표시

스웨덴에서 31년째 정치학을 연구하며 린네대학 교수로 재직하고 있는 최연혁 박사는 스웨덴은 가정에서부터 성 구분 없이 아이를 양육한다고 전합니다. 아들에겐 장군감, 딸에겐 공주님, 이런 구분을 절대 하지 않는다는 거예요(여성신문, 2019.3.28.). 이렇게 자란 아이들은 학교와 사회에서 성 역할을 구분하지 않겠죠. 물론 이것이 남녀의 생물학적 구분이 없다고 가르친다는 이야기는 아닙니다. 아이들로 하여금 생물학적 차이를 역할의 차이와 연결시키지 않고, 스스로 선택한 정체성에 근거하여 가장 매력적인 사람으로 성장할 수 있게 돕는다는 것이지요.

성 역할보다 자기다움에 바탕을 둔 매력적 인간으로 성장하기, 그리고 진정으로 자유로운 사람이 되기. 그게 바로 행복을 향해 가는 바탕이자 멀지 않은 미래에 우리의 모습이 될 것입니다.

고정관념 : 아무것도 당연하지 않아요

'원래' 혹은 '당연히' 그런 것이 세상에 있을까요?
평범한 생각 이면에 불합리한 논리와 폭력적인 일반화를 숨긴
고정관념. 언제까지고 외면한다면 그 칼끝이
언젠가 나를 겨눌 수도 있습니다.

코끼리에 대한 명상

고정관념이 그들에게 가한 고통에 대하여

코끼리 아저씨는 코가 손이래.

과자를 주면은 코로 받지요.

글만 읽어도 음정을 절로 흥얼거리게 되는, 우리에게 너무나 친숙한 국민 동요죠.

커다란 덩치에 귀여운 얼굴, 펄럭이는 큰 귀, 유연하고 긴 코를 가진 코끼리는 많은 사람들의 사랑을 받는 동물입니다. 코끼리가 코로 물을 뿜는 모습을 보고 소방수라고 노랫말을 붙였을 정도로 코끼리에 대한 친근감은 높습니다.

코끼리에 관한 연구나 보도를 보면 코끼리는 굉장히 고차원적인 수준에서 행복과 슬픔, 짜증이나 우울감 등을 느끼고, 동족 사이에서 경쟁심이나 동정심까지 보이는 등 지성과 감성이 풍부한 동물임을 알 수 있습니다. 그런데 대부분의 사람들은 코끼리를 인간 중심으로 바라봅니다. 코끼리에게는 인간과 같은 생각과 감정이 없다고 간주하거나, 혹시 있다고 하더라도 무시하는 거죠. 그래서 트래킹을 온 관광객의 이동 수단이 되기도 하고, 상아를 노린 인간이 놓은 덫에 걸려 부상을 입기도 하는 것입니다.

한 동물원 관리자는 어린 시절 헤어져 20년 만에 다시 만난 코끼리들이 서로를 알아보고 눈물 흘리는 것을 보았다고 증언합니다. 코끼리는 인간과는 다를 것이라는 고정관념이 그들에게 어떤 고통을 주었는지 충분히 생각할 수 있지요.

편견이 지니는 또 하나의 오류를 생각해 볼까요? 과학자들은 오랫동안 코끼리가 도구를 사용하지 못한다고 생각했습니다. 동물의 도구 사용에 대한 실험은 지능을 판단하는 지표로 과학자가 즐겨 하는 실험이지요.

과학자들은 높은 곳에 먹이를 올려놓고 그 옆에 막대기를 두었습니다. 그런데 코끼리는 먹이를 먹지 않았습니다. 과학자들은 이 실험을 통해 코끼리가 도구를 사용할 줄 모른다는 결론을 내렸습니다. '코끼리는 코를 손처럼 사용한다'는 고정관념이 작동했기 때문입니다. 그런데 알고 보니 후각을 중요하게 사용하는 코끼리에게 코는 아주 중요한 부위라 굳이 코로 막대를 잡아 힘을 줘야 하는 행동을 하지 않았던 것일 뿐이었습니다. 막대기를 사용하지는 않았지만, 나무상자가 보이자 상자를 발로 옮긴 다음 그 위에 올라가서 높은 곳에 있는 먹이를 먹었거든요. 동물의 능력을 인간의 경험을 중심으로 보았기 때문에 판단 오류가 일어난 것이지요. 우리가 가장 객관적이라 믿는 과학의 영역에서도 인간 스스로의 경험과 가치만을 기준으로 사물을 보면 왜곡된 판단이 나올 수 있습니다.

초식 동물이지만 몸집도 크고 힘도 장사인 코끼리를 도망가지 못하게 하려면 어떻게 하는지 아세요? 아직 힘이 세지 않은 어린 코끼리의 다리에 줄을 묶어 두면 처음에는 탈출하려고 안간힘을 쓴답니다. 하지만 풀리지 않는 줄 때문에 모진 고통을 겪고, 그 통증과 좌절의 기억이 각인되면 이제 충분히 그 줄을 끊고 자유로워질 수 있을 만큼 성장하더라도 결코 끈이 허용하는 범위 밖으로 나올 생각을 하지 않는다고 해요. 그저 가느다란 밧줄에 묶여 우두커니 서 있는 거대한 코끼리에 혹시 우리의 모습이 비치지 않으세요?

경험의 한계, 지성의 한계, 공감의 한계 등으로 인하여 만들어지는 고정관념과 그로 인해 발생하는 상상력의 한계, 행동의 한계는 너무 뼈아픕니다. 우리 스스로가 자신을 바라보는 경우에도 이런 오류는 무수히 발생할 수 있고요. 코끼리 아저씨뿐 아니라 아줌마, 아저씨, 아이들, 할머니, 할아버지……, 우리 모두 고정관념의 밧줄을 끊고 자기다움으로 뚜벅뚜벅 자유의 세계를 향해 걸어갈 날이 오길 기다립니다.

"왜 여자는 자전거를 탈 수 없나요?"

한 소녀의 자전거가
한 나라의 여성 인권을 밝히는 등대가 되었습니다.

여성이라는 이유만으로 자동차 운전을 금지한 나라가 있다면 믿으시겠어요? 사우디아라비아는 2017년 9월 26일에야 비로소 여성도 운전을 할 수 있도록 했어요. 그동안 사우디아라비아 여성들에게 운전이 허용되지 않았다는 놀라운 사실에 많은 사람들이 깜짝 놀랐습니다. 사우디아라비아를 마지막으로 이제 지구상에서 여성이라는 이유로 운전을 할 수 없는 나라는 사라졌어요.

그러나 아직도 여성 운전에 몇 가지 조건이 걸려 있습니다. 운전면허증이 있어야 하는 건 당연하겠지만 여성 운전자의 나이가 30세 이상일 것, 차량 소유주의 승인이 있을 것, 시내에서만 정해진 시간 안에 운전할 것 등, 고개가 갸우뚱해지는 제약들이 있는 거죠. 우리나라에서는 이미 상상도 할 수 없는 일입니다. 여성들이 바깥출입을 할 때 쓰개치마를 써야 했던 조선 시대에나 있을 법한 일이니까요.

사우디아라비아가 이토록 여성의 활동을 제한하고 있는 데에는 역사적 배경이 있어요. 7~8세기 이슬람교가 형성될 시기에는 부족 간 전쟁이 빈번하여 전쟁 유족이 많이 발생했는데, 그 집안에 남은 다른 남자 형제가 결혼을 통해 유족의 생계를 책임졌다고 합니다. 그것이 전통으로 남아 일부다처제를 허용하게 된 것이지요. 이슬람교의 경전인 코란은 한 남자가 네 명의 부인까지 둘 수 있도록 합니다. 여성은 자주권이 없으며, 외출을 하려면 얼굴과 몸을 검은 옷이나 천으로 전부 가려야 하고, 당연히 투표권도 없었습니다.

이런 경직된 사회에서 변화를 일으킨 동력은 무엇일까요? 물론 사우디아라비아 여성들이 기습 운전이나 SNS 활동 등을 통해 자유를 향한 노력을 꾸준히 펼쳐 온 덕분일 겁니다. 그중에서도 한 편의 영화가 사우디아라비아 사회에 아주 큰 영향을 끼쳤는데요. 바로 하이파 알 만수르(Haifaa Al Mansour) 감독의 영화 「와즈다(Wadjda)」 (2012) 이야기입니다. 이 영화는 사우디아라비아 최초의 상업 영화이자 여성 감독에 의해 만들어진 작품입니다. 주인공은 열 살의 말괄량이 소녀 와즈다. 어린 소녀의 눈에 비친 사우디 여성들은 자유와 인권의 사각지대에 놓여 있습니다. 와즈다는 명랑하고 주관이 분명한 소녀이지만 그만큼 문제가 많은 학생으로 보입니다. 친구들과 학교에서 매니큐어를 바르다 정학을 당하고, 히잡을 쓰지 않고 학교에 갔다가 혼나고, 좋아하는 운동화를 신어 경고를 받기도 합니다.

그럼에도 와즈다는 주눅들지 않고 자전거까지 타고 싶어 합니다. 이슬람 율법은 여자가 자전거를 타지 못하게 하는데도요. 동갑내기 남자 친구 압둘라는 얼마든지 타고 다니는 자전거인데……. 와즈다는 묻습니다.

"왜 여자는 자전거를 탈 수 없나요?"

어머니는 '여자가 자전거를 타면 아이를 못 낳는다.'며 야단칩니다. 와즈다는 마음에 드는 자전거를 사기 위해 상금이 걸린 코란 경전 퀴즈 대회에 참가하여 보란 듯이 1등을 차지하지요. 정말 멋진 일이었지만 와즈다의 꿈은 곧 좌절되고 맙니다. 상금으로 자전거를 사겠다는 말을 들은 교장 선생님이 상금을 팔레스타인에 기부해 버리거든요. 가엾은 와즈다!

결국 와즈다가 자전거를 타게 되었냐고요? 와즈다의 자전거는 물론이고 아주 의미심장한 변화가 영화의 결말에 그려집니다. 자세한 내용은 여러분들이 직접 확인하는 게 가장 좋을 것 같아 빈칸으로 남겨 둘게요.

「와즈다」는 사우디아라비아의 여성은 물론 세계로부터 뜨거운 반향과 호응을 얻었습니다. 베니스 영화제를 포함, 세계 유수의 영화제에서 수상하며 찬사를 받기도 했고요. 이 명랑하고 진취적인 소녀 와즈다의 자전거야말로 사우디아라비아 여성의 미래를 밝히는 등대와도 같은 것이었습니다. 영화가 만들어진 이듬해 2013년 4월, 사우디 정부도 마침내 율법의 일부를 고쳐 여자도 자전거도 탈 수 있게

영화 「와즈다(WADJDA)」, 크리스리픽쳐스 인터내셔널 제공

했거든요. 2015년 12월에는 처음으로 여성에게 참정권을 부여했고, 2017년부터는 축구장 입장, 자동차 운전도 가능해졌다고 합니다. 일거수일투족 뭐든지 남성의 승인을 받아야만 했던 후견인 제도가 대폭 완화된 것입니다.

하이파 알 만수르 감독은 생명의 위협을 느낄 정도의 협박과 압력을 견디면서 이 영화를 촬영했다고 해요. 여성이 남성들과 같이 일하는 것이 허용되지 않아 차 안에서 무전기로 지시를 하면서 영화를 만들었다는 후일담도 전해집니다. 이슬람 율법이 곧 법인 사회에서 한 편의 영화가 여성들의 인권을 신장하는 데 기여하다니, 흥미롭지 않으세요? 오늘 저녁, 와즈다를 다시 한번 보아야겠습니다.

이 수수께끼를 풀어 보세요

당신도 혹시 자기도 모르는
성별 고정관념에 빠져 있지 않나요?.

누군가 당신에게 '당신은 성차별적이냐'고 묻는다면 '아니다.'라고
대답할 사람이 많을 거예요. 사실 많은 사람이 자신은 남성이나 여
성에 대한 편견 없이 '중립적(neutral)'이라고 생각합니다. 과연 그러
나 실제로 그럴까요?

　　다음 수수께끼를 풀어 보세요.
　　아버지와 아들이 차를 타고 가다 교통사고가 났습니다. 부상자
가 많아 아버지와 아들은 각기 다른 병원으로 실려 가게 되었는데
요. 아들이 응급실에 누워 있는데 흰 가운을 입은 의사가 달려와 근
심 어린 얼굴로 이렇게 말합니다.
　　"아이고, 이렇게 많이 다쳐 어쩌나 내 아들!"
　　의사와 아들은 어떤 관계일까요? 이 수수께끼의 답을 곧바로

맞히지 못했다면 자기도 모르는 고정관념의 질병에 걸린 것일지도 몰라요. '아빠는 분명히 다른 병원으로 실려 갔다고 했는데, 왜 여기서 또 아빠가 나오지?' 순간적으로 이런 의문을 품지는 않으셨나요? 수수께끼의 키포인트는 바로 이 지점에 있습니다. 여기 등장하는 의사는 바로 엄마이기 때문이에요. 이 간단한 트릭을 통해 우리는 의사라고 할 때, 그 사람이 남성일 거라고 생각해 버리는 '생각의 자동화'를 경험합니다. 생각의 자동화가 바로 성별 고정관념입니다.

이러한 고정관념은 매우 다양하게 존재합니다. 예를 들어 농업인이라고 하면 남성을 떠올리고 주부라고 하면 여성을 떠올리는 것도 같은 현상입니다. 남성 전업주부의 수가 빠른 속도로 증가하고 있고, 실제로 농사를 짓는 사람 중 50% 이상이 여성인데도 말이죠.

이게 사회적으로도 중요한 의미를 가질까요? 그렇습니다. 농업에서 여성의 노동력이 절대적으로 중요함에도 그들 대부분은 농지를 소유하고 있지 않으며 따라서 농업인으로 등록되어 있지도 않아요. 더 많은 노동을 하고도 무노동, 무임금자의 위치에 머무르게 되는 셈인 거죠.

다른 예를 더 들어 볼게요. 우리는 '가구주'라고 하면 남성을 먼저 떠올립니다. 한 지자체에서 저소득 가구주를 위한 임대 주택 사업을 실시했는데, 뚜껑을 열고 보니 임대 주택의 주인이 된 여성이 절반에 조금 못 미쳤다고 해요. 가구주가 남성이라고 생각했던 사람들은 이런 현상에 의아함을 금할 수 없을 것이고, 조금 오버센스하는 사람은 역시 여자들이 야무져 복지 혜택도 딱딱 잘 챙긴다고 생각할 수 있어요. 실제로 우리 사회에서 여성 가구주는 전체의 약 3분의 1에 이를 정도로 많습니다.

그런데 여기 또 하나 고려해야 할 사항이 있습니다. 바로 여성 가구주의 특성인데요. 여성 가구주는 어떤 사람들로 구성될까요? 남편과 사별했거나, 이혼했거나, 비혼이거나, 혹은 남편이 실직을 한 경우입니다. 대부분 준비 없이 가구주가 된 경우가 많아 빈곤해질 확률이 매우 높아요. 이를 '여성 빈곤화'의 한 현상으로 볼 수 있어요. 세계적으로 살펴보아도 빈곤 집단의 70%는 여성이라고 하고요. 우리나라는 성별 임금 격차도 크고 경력 단절도 많아 남성에 비해 여성이 빈곤에 떨어질 확률이 압도적으로 높은 나라입니다.

이쯤 되면 저소득 임대 주택 사업에서 더 많은 여성 가구주가 혜택을 보아야 할 것 같은데, 절반에 못 미치는 비중만이 사업 수혜자가 되었네요. 어딘가 여성에게 불리한 정책 요소가 있음을 의미하는 것은 아닐까요? 사업 대상자를 뽑은 평가 지표에 그 요소가 숨어 있습니다. 주택 관련 사업이므로 가구원의 수가 많다면 가점이 주어지거든요. 남성 가구주는 배우자를 포함할 가능성이 크지만 여성 가구주는 그렇지 않거나 일인 가구주일 가능성이 많습니다. 보통 여성 가구주의 가구원이 남성 가구주의 가구원보다 적은 것이죠. 그러므로 평가에서 불리합니다. 이 외에도 다수 여성의 삶과는 거리가 먼

불리한 지표들이 있어 결과적으로 여성보다 남성 가구주가 더 많은 혜택을 받게 되었던 것입니다.

임대 주택 사업의 사례에서 우리는 가구주에 대한 성별 고정관념이 어떻게 작동하는지 알 수 있어요. 그뿐 아닙니다. 복지 혜택을 받을 사람들을 선정하기 위해 마련된 지표가 사실은 '성 중립적'이지 않다는 것도 알 수 있습니다. 중립적으로 느껴질 뿐, 편견과 차별의 요소를 내포하고 있는 것입니다. 성별 고정관념을 깨고 성 인지 관점을 가져야 할 이유가 하나 더 생겼다고 느끼지 않으세요? 그래야 성 인지 정책도, 성 인지 예산도 가능해질 테니까요.

성 인지 관점의 함양은 거창한 것이 아닙니다. 흔하고 자연스럽다고 생각했던 우리 주변의 문화들에 성별 고정관념이 숨어 있지는 않은지 곰곰이 따져 보는 연습, 그게 첫걸음이 될 거예요. 전문가의 몫이 아니라 우리 모두의 몫으로 여기며 성 인지 감수성을 기르고자 노력하는 한 명 한 명이 모여 보다 균형 잡힌 사회, 지속 가능한 발전이 이루어지는 사회가 가능합니다.

성평등을 실현하기 위한 정부의 노력들

지하철에서 높이가 다른 손잡이가 번갈아 설치되어 있는 것을 본 적이 있나요? 예전에는 남성의 평균 신장에 맞춘 손잡이만 있었지만 지금은 여성이나 어린이, 노인들도 쉽게 잡을 수 있는 낮은 높이의 손잡이도 있습니다. 이는 정부에서 성평등을 실현하기 위해 추진하는 성별 영향 분석 평가 제도의 결과 도입된 것입니다.

'성별 영향 분석 평가 제도'란 정부의 주요 정책을 수립·시행하는 과정에서 성별 특성과 사회·경제적 격차 등의 요인들을 체계적으로 분석·평가함으로써 정부 정책이 성평등의 실현에 기여하도록 하는 제도입니다. 설명만 들을 때는 추상적으로 느껴지지만 지하철 손잡이의 예처럼 실생활에서 여성과 남성이 고른 혜택을 누릴 수 있게 해 모두의 삶의 질을 높이기 위한 제도이지요.

'성 인지 예산 제도' 역시 마찬가지로, 정부 예산이 여성과 남성에게 미치는 영향을 분석해 차별 없이 모두가 평등하게 혜택을 받을 수 있게 예산을 편성·집행하는 제도입니다.

두 제도 모두 여성을 특별한 이해 집단으로 보고 별도의 평가나 예산을 도입하려는 목적이 아니라 어느 한쪽도 소외되지 않는 성평등한 혜택을 제공하기 위해 시행되고 있습니다. 이러한 정부의 노력은 보다 바람직한 사회로 다가가기 위해 꼭 필요한 활동입니다.

쥐를 잡으러 가는 사람은 누구인가

....

서로에게 주어진 부담을 이해하고
그 짐을 나누어 짊어지는 삶을 추구해요.

젠더(gender)라는 말을 들어 보셨나요. 휴대 전화 충전기 말고 사회적으로 구성된 성을 말하는 젠더요. 여성은 임신과 출산을 할 가능성이 높죠. 그러나 그것이 모성, 돌봄, 배려와 공감의 능력을 본능적으로 타고났다는 것을 의미하는 건 아닙니다. 그러나 사회에서는 여성이 돌봄과 가사의 역할을 하도록 함과 동시에 그에 적합한 품성을 가졌다고 생각합니다. 부드럽고 온화하고 인내심 많으며, 자신보다 아이를 먼저 위하는 모성이 천부적인 것이라고 말하면서요. 반면 남성은 사회적 생산을 위해 도구적 인간으로 성장할 것을 요구받게 되지요. 경쟁적이며 목표 지향적이고 이성적인 것이야말로 남성의 것이라고 생각합니다. 바로 이러한 통념들이 젠더를 형성합니다.

그러나 성 역할이 개인의 특성과 일치하지 않는 경우는 너무나 많습니다. 예를 들어 '수줍어하는'이나 '공격적'이라는 특질은 각각 여성적 특질과 남성적 특질로 여겨집니다. 그렇지만 주변에서 수줍어하는 남성이나 공격적인 여성을 얼마든지 볼 수 있습니다. 그런데 공격적인 여성이나 수줍음이 많은 남성은 다른 사람에게 지적을 받으며 행동을 바꿔 보지 않겠냐는 말을 듣게 됩니다. 이런 일이 반복되면 여성은 수줍은 척하고 남성은 공격적인 척하는 역할을 수행하게 되겠지요. 개성을 가진 개인이 자신의 고유 특성보다 고정관념의 틀에서 행동하게 되는 것입니다.

재미있는 예를 들어 볼까요? 교실에 쥐가 한 마리 들어옵니다. 남학생반이나 여학생반이나 어떤 학생은 쥐를 잡으러 빗자루를 들고 뛰어가고 어떤 학생은 소리를 지르며 책상 위로 올라갑니다. 그런데 만일 남녀 합반이면 어떤 일이 일어나는지 아세요? 남학생은 빗자루를 들고 뛰어가고 여학생은 책상 위로 올라간다고 합니다.

그런데 요즘처럼 경쟁적인 사회에서는 남성성으로 규정된 특질이 사회적 지위와 권한, 경제적 능력, 담론의 주도권을 잡는 데 더 유리한 위치를 점합니다. 이런 방식으로 남성성과 여성성은 하나의 구조가 되며 성차별을 강화하게 되는 것입니다.

그럼 우리나라는 언제부터 이러한 성별 이분법이 강화되었으며 그 이유는 무엇일까요. 일반적으로 한국 사회의 성차별은 차별이라기보다 전통의 모습으로 오랫동안 이어져 내려왔다고 생각합니다. 그러나 사실 그리 오랜 전통이 아니에요. 조선 후기의 사회 질서 혼란, 즉 임진왜란과 병자호란 등의 양난, 그리고 북학파라는 새로운 집단의 등장으로 기득권이 흔들리게 되자 사회를 유지하기 위한 한 방편으로 가부장적 지배 질서를 강화한 게 그 시작이었습니다. 귀족 계급이 자신의 기득권을 놓지 않은 채 사회 질서를 유지하고자 유교를 이용한 것이죠. 남성 중심의 가부장적 질서가 강해지자 필연적으로 여성의 사회적 지위는 점점 약해질 수밖에 없었습니다. 이처럼 남성과 여성의 성 역할은 매우 자연스러운 것으로 생각되지만 사실은 필요에 의해 구성되는 사회화 과정의 결과물입니다. 근대화 시기에는 남성을 이상적 노동자로 모델화하기 위해 여성이 육아와 가사노동을 전담하도록 현모양처 이데올로기를 강화함으로써 성 역할 구분이 더 뚜렷해졌습니다. 일제 강점기와 전쟁, 군사 정권 등을 거치며 이와 같은 문제를 되짚을 겨를은 없었습니다.

그러나 성 역할 지형은 고정되어 있지 않고 지금 이 순간에도 변화하고 있습니다. 2019년 한국여성정책연구원에서는 '변화하는 남성성과 성차별'이라는 흥미로운 연구를 진행했는데요. 그 결과를 보면 성 역할 규범에서 벗어나려는 20대 남성들의 모습이 많이 드러납니다. "남자는 무엇보다 일에서 성공해야 한다."거나 "힘든 일이 있어도 내색하지 말아야 한다."는 항목에서 20대 남성들은 대부분 동의하지 않았습니다. 이제 남성들은 강한 남성이라는 성 역할 규범이 스스로에게 부담스럽다는 것을 깨달은 모습을 보여 줍니다. 아마도 전보다 더 찾기 어려워진 일자리 문제, 가장 역할 수행의 어려움

등이 남성들을 변화시켰을 것입니다.

결국 남성성이 부담이라면 이를 내려놓기 위해 성평등이 중요하다는 것을 인지하는 순간이 올 거라고 생각합니다. 행복한 삶을 위해서는 서로에게 주어진 부담을 이해하고 그 짐을 나누어 짊어지는 것부터 출발해야 합니다. 자신의 부담을 내려놓고 상대방은 여전히 무급의 가사노동과 육아의 책임을 지도록 하겠다는 생각은 정말 현실적인 대안이 될 수 없겠죠. 사회적 부담이나 사적인 생활의 책임을 같이 지고 갈 때 양성이 보다 더 평등해지고 격이 높은 관계를 이루게 될 것입니다.

쓸데없는 순결

···

성장하는 청소년에게 '순결'이
꼭 필요한 가치일까요?

가을 길을 달리다가 길가의 코스모스가 아름다워 발길을 멈추었습
니다. 가늘고 긴 목에 보드라운 여덟 장의 꽃잎을 갖춘 꽃. 흰 코스모
스의 꽃말은 '소녀의 순결' 또는 '순정'이라고 해요. 백합이나 흰 장
미 같은 백색의 몇몇 꽃들도 순결이 꽃말이고요. 하나같이 순수하게
아름다워 보는 것만으로도 마음이 깨끗해지는 기분입니다. 순결한
것 좋죠. 우리를 경건하게 하니까요. 그렇지만 쓸데없는 순결 타령도
있습니다.

  2018년 한 일간지에서 전국 남녀 중고등학교 100여 곳의 교훈
을 조사해 보니 여중이나 여고 두 곳 중 한 곳은 '순결(純潔)'을 교
훈으로 채택하고 있다는 놀라운 사실이 밝혀졌습니다(서울신문,
2018.4.10). 꽃도 아니고 사람으로 살면서 순결하기가 얼마나 어려울

까요. 하루를 살더라도 경쟁하고 상처받으며 화나는 일들을 참아 내느라 애를 쓰는데, 그래야 성장하고 강해지는데 순결을 교훈으로 삼으라니. 그저 화초가 되라는 걸까요? 게다가 툭 까놓고 말하면 정신적으로 순수하고 깨끗하고 뭐 그런 게 아니라 남자 친구 만나 데이트하고 손잡고 이런 거 하지 말라는 것이라고 누구나 느끼잖아요. 그런데 다시 자료를 보니 여학교와 달리 '순결'이 교훈인 남학교는 없었어요. 그렇다면 이건 여학생에게만 순결의 책임을 강요하는 게 아닌가요? 성이란 상호적 관계인데 말이죠.

언젠가 「미운 우리 새끼」라는 오락 프로그램에서 한 출연자가 한 말이 온라인 어록으로 돌아다닌 적이 있어요. "세상에 남자를 믿느니 옆집 수캐를 믿으라."는 말이었는데, 누리꾼들이 공감의 댓글을 마구 남기더라고요. 아유, 이거 문제입니다. 수캐보다 못한 품격으로 비유된 남성도 억울할 테고, 순결을 마치 온전히 여성의 몫이자 의무인 양 취급하는 데 동조한 것이니까요. 농담을 다큐로 받네, 요즘이 어떤 시대인데 그런 생각을 하냐고들 하지만 우리의 무의식에는 은연중에 순결은 여성 책임이다, 여성에게 순결은 무엇보다 중요한 것이라는 생각이 있습니다. 이러한 고정관념이 성폭력 피해자에게 책임을 묻고 가해자는 처벌받지 않는 사회를 만듭니다.

근래 한 통신사가 여성을 타깃으로 한 호신용 스마트 기기를 홍보하며 '현대판 은장도'라는 표현을 사용해 논란이 일기도 했습니다.

요즘처럼 성범죄가 사회 문제로 대두된 시기에 필요한 제품이긴 하지만 은장도가 뭘가요? 여성이 순결을 지키기 위해 자결을 마다하지 않았던 도구로 오늘날에는 여성 인권의 암흑기를 상징하는 도구가 아닌가요?

게다가 순결 의식이 내면화된 여성일수록 성범죄의 피해자가 되면 자신의 인생이 끝났다고 극단적으로 생각하며 고통에서 벗어나지 못한다고 합니다. 끝은 왜 끝인가요. 단지 피해를 본 것뿐인데. 그래서 여학교의 교훈에 순결이란 말이 들어가서는 안 되는 것입니다. 순결은 그것이 몸에 관한 것이든, 정신에 관한 것이든 성장하는 청소년에게 참으로 쓸데없는 가르침이라는 것이 확실하지요?

다시 코스모스 길을 달립니다. 코스모스는 흰색도 있지만, 분홍색도 있습니다. 분홍 코스모스는 꽃말은 '소녀의 순정'이라고 합니다. 이건 또 소년의 순정이랑 다른 건지 궁금합니다. 전 진짜 순정파 소년도 잘 아는데……. 그저 '순정의 아름다움' 정도로 표현하면 안 되는 걸까요?

데이트 비용 잘 내는 법

평등은 50:50이 아닙니다.

요즘 청소년들은 이른 나이에 이성 교제를 시작합니다. 부모가 원하건 원치 않건 이것은 시대의 추세이죠. 무슨 이벤트가 그리 많은지 그 문화도 과거와 사뭇 달라요. 100일 기념은 물론 화이트데이나 밸런타인데이 같이 챙겨야 할 행사도 많아 보이고요. 이처럼 데이트 풍속도는 분명 전과 달라졌는데 성 역할만은 별로 달라진 것 같지 않습니다. 남학생은 여자 친구를 감동시킬 만한 멋진 선물과 이벤트를 준비하고, 여학생들은 식사량도 줄이고 거울을 보고 또 보며 외모 관리에 신경을 쓰는 모습이 거의 정형화되어 있다고 해요. 남학생이나 여학생이나 부모로부터 용돈을 받아서 쓰는 형편은 마찬가지일 텐데도 말입니다.

이처럼 각본화된 이성 교제는 여성은 외모, 남성은 능력이라는 기존의 성별 고정관념을 그대로 따르고 있습니다. 한때의 낭만, 추억으로 하는 일인데 그런 걸 시시콜콜 따지는 게 고리타분해 보이시나요? 그러나 이런 행동의 결과 아이들의 성평등 의식이 왜곡될 수 있으며, 성별 고정관념은 강화되겠지요. 더 나아가 남성이 여성을 남성의 부수적 존재로 여기게 하는 데 일조할지 모릅니다. 여성 역시 스스로의 몸을 대상화하고 그만큼 자기 소외를 경험하게 될 것이고요. 외모가 중요하지 않은 것은 아니지만 그것으로 인해 우울해지거나 지나치게 집착해야 할 이유가 없는데도 그렇게 될 수 있으니까요.

세상의 성 역할은 바뀌는데 고정관념이 여전하다면 그 갈등과 피해는 고스란히 그러한 모순을 안고 있는 사회로 돌아갑니다. 의식과 실천 사이의 괴리로 인한 갈등은 성별 불신, 사회 불신으로 이어질 수도 있어요. 더 이상의 갈등과 모순을 원하지 않는다면 데이트의 성 각본을 그대로 따르지 않아야 합니다. 누구라도 사귀는 친구가 아플 때 약을 사다 주며 돌봐 줄 수 있는 것이고, 일상에서의 고민을 툭 털어놓을 수 있는 신뢰를 쌓는 것도 좋겠지요.

만일 이 글을 읽는 분이 청소년의 학부모라면 자녀들과 이성 교제의 좋은 점, 나쁜 점, 기쁨과 어려움을 공유할 수 있는 어른이 되었으면 합니다. 자녀가 데이트를 하고 돌아오면 "여자 친구 예쁘게 하고 나왔어?", "남자 친구한테 어떤 선물 받았니?" 이런 질문은 하지 않았으면 해요. 부모는 아이들이 건강한 인간관계를 통해 서로 성장하도록 도와야 합니다. 아들에게만 데이트 비용을 지원하고, 딸에게는 외모 관리에 신경 쓰라고 조언하는 것도 좋지 않겠지요.

그럼 그것으로 끝? 아닙니다. 데이트 비용을 같이 내는 것이 맞지만 평등은 50:50이 아닙니다. 경제적 여유가 조금이라도 있는 사람이 더 내는 것이지요. 더 많은 사람이 더 내는 것, 그것이 형평성이라는 생각을 가져야 합니다. 또 하나 중요한 게 있어요. 데이트는 서로 우호적이거나 친밀한 관계에서 가까이 지내기 위해 만나는 일입니다. 그러니 돈을 더 많이 낸 사람이 데이트의 주도권을 가져서도 안 되고, 비용을 덜 지불했다고 해서 썩 즐겁지 않은 요구를 들어줘야 하는 것도 아니에요. 돈을 많이 내든 적게 내든 원하지 않는 성적 접촉은 거부할 권리가 있다는 것도 잊지 마세요.

여성은 신체적으로 취약한 존재일까

"여자는 약하니까…"라는 말 뒤에
숨어 있는 불합리성에 대하여

최근 남녀 공학 학생들에게 학교에서 경험하는 차별 중 극복하기 힘든 것이 무엇이냐고 물었더니 급식 때 여학생에게 밥을 조금 주는 것이 괴롭다는 답변이 나왔다고 해요. 배급 담당자가 처음부터 남학생에게 더 많은 밥을 주는 데다가, 남학생은 밥을 더 달라고 할 수 있지만 여학생은 웬만한 용기를 가지지 않고서는 더 달라는 말을 할 수 없다는 것입니다. 여학생은 대체로 남학생보다 체구가 작고 힘도 약하니 적게 먹어도 괜찮다고 생각한 결과일까요? 신체적으로, 정신적으로 왕성한 성장을 하는 이 시기의 급식 차별이 우리 사회의 다른 사회 현상과 어떻게 연결되는지 살펴보려고 합니다.

성평등 이슈가 중요해지면서 여성의 신체적 취약성이 자주 거론되고 있습니다. 특히 기본적으로 체력 조건이 중요한 군인, 경찰,

소방관 등의 성평등을 이야기할 때, 신체적 조건의 차이는 늘 논쟁 거리가 됩니다.

경찰은 언제 어디서든 범법자와 마주칠 수 있으므로 체력이 기본적으로 중요한 요소가 확실합니다. 경찰청은 여성 대상 범죄 수사나 피해자 보호를 위한 수요 변화에 대처하기 위해 2020년까지 여성 경찰의 수를 15%까지 상향하겠다고 하였습니다. 그런데 이를 실현하기 위한 방법론에서 이견이 발생하게 됩니다. 여성 경찰의 수를 늘리기 위해서는 체력 기준이 조금 낮은 것은 문제가 되지 않는다는 입장, 여경이 늘어난다면 그만큼 범법자를 제압하는 등 긴급 상황에 투입되는 여성 경찰도 늘어날 것이므로 강화된 체력을 갖춘 여성을 뽑아야 한다는 주장이 맞섭니다. 순경 채용 시험은 필기시험 50%, 체력 검사 25%, 면접시험 25%로 이루어집니다. 이중 체력 검사 항목은 100m 달리기, 1,000m 달리기, 윗몸 일으키기, 악력, 팔 굽혀 펴기 등 다섯 개 영역인데요. 지금까지 성별에 따라 다른 기준이 적용되어 여러 잡음이 끊이지 않았습니다. 이에 2019년 말, 경찰청은 2023년부터 신임 경찰관 채용 과정에 성별과 무관한 통합 체력 기준을 도입하는 것을 검토하고 있다고 밝혔습니다.

한편 소방관들이 불을 끌 때 사용하는 소방 호스를 다루려면 손아귀 힘이 세야 합니다. 그래서 소방관 채용 시험에서는 악력을 측정하는데, 2019년 현재 남성은 60kg, 여성은 37kg를 넘으면 최고점을 받을 수 있다고 합니다. 다른 항목도 비슷한 방식으로 평가합니다. 이렇게 기준을 다르게 해 두고 채용 시 여성 선발에 비율을 정해 놓고 있어요. 2017년 서울시 소방 부분 공채를 보면 남성은 127명, 여성은 15명을 선발했습니다. 소방직을 원하는 여성이 늘었지만 여성이 합격하기는 훨씬 어려워졌다고 합니다. 성별 차이를 보완하기 위해 이러한 방식을 택하는 것이 과연 합리적일까요?

얼마 전 여의도 면적의 6배를 태우고 진압된 강원도 산불 현장에서 사력을 다한 여자 소방관이 경험한 이야기는 여성의 체력이 약하다기보다 여성의 체력이 약하다고 생각하는 고정관념이 더 큰 문제임을 보여 줍니다. 한 여성 소방관이 이틀 동안 밤을 꼬박 새우며 화재를 진압했는데, 그럼에도 불구하고 여자 소방관은 민폐이고 화재 진압에 도움이 되지 않는다는 반응이 잇따랐고 청와대 청원 게시판에도 여성 소방관을 퇴출해야 한다는 내용이 올라와 있었다고 합니다. 정해진 기준에 따라 소방관이 되었고, 현장에서 최선을 다했을 뿐인 이 여성 소방관에게 차별적 시선을 보낸다는 것은 불합리한 일입니다.

남성과 여성은 평등하지만 이런저런 차이는 있습니다. 일반적으로 남성의 체력이 더 강한 것처럼요. 하지만 여성의 신체적 취약성이 생물학적 원인에 의한 게 아니라 사회·문화적 배경과 깊은 관계를 맺고 있다는 주장도 있습니다. 여성이 취약한 지위를 보완하려면 더 큰 사회적 권한을 가진 남성에게 매혹적인 존재가 되어야 하는데, 이때 가늘고 연약한 여성성이 더욱 매력적으로 보이기 때문에 신체적 취약성이 강화된다는 것이죠. 생물학적이든 사회적이든 여성의 신체적 취약성을 무조건적으로 전제하고 그 기준에 근거하여 성 역할과 성차별을 존속시켜서는 안 됩니다. 차라리 여성의 체력 기준을 높이고 채용 비율도 늘린다면 차별도 줄고 업무도 더 효율적으로 이루어질 것입니다.

국가와 국민의 안전을 지키는 사람을 뽑는 일입니다. 여성은 신체적으로 약할 것이라는 고정관념 때문에 오히려 역차별 논란을 부추기는 방식을 넘어서는 제도로 재구성해야 할 때입니다. 물론 급식량도 성별이 아니라 각자의 식사량에 따라 조절되어야 하고요.

여성 경찰, 어떻게 뽑아야 할까?

2019년 말 경찰청이 그동안 뜨거운 감자였던 성별 체력 검증 기준의 차이를 정비해 이르면 2023년부터 통합 체력 기준을 도입하겠다고 발표했습니다. 성별·연령과 무관하게 직무 수행에 필요한 기초 체력을 측정할 수 있는 공정한 체력 검사 방법과 기준을 마련할 계획이라고 합니다. 현행 순경 공채 시험은 100m와 1,000m 달리기, 윗몸 일으키기, 악력, 팔 굽혀 펴기를 성별에 따라 다른 기준으로 평가합니다. 예를 들어 팔 굽혀 펴기는 남자가 12개, 여자는 10개 이하부터 최소점을 받게 되는데, 남성 지원자와 달리 여성은 무릎을 바닥에 대고 팔 굽혀 펴기를 하게 되어 있죠.

일본과 대만, 홍콩은 우리나라처럼 신임 경찰 채용 시 성별에 따라 다른 체력 기준을 적용합니다. 반면 미국 주(州)의 70% 이상, 영국, 싱가포르는 모두 같은 기준으로 경찰관을 채용합니다. 다만 싱가포르는 연령에 따라 기준 차이가 있다고 해요.
이러한 체력 검증 방식의 차이를 두고 무엇이 정답인지 쉽게 결론을 내리기는 어려울 겁니다. 경찰청의 발표에 새로운 통합 체력 기준이 또 다른 차별을 불러올지 모른다는 우려의 목소리가 나오기도 하고, 단순 종목보다 실제 치안 현장에서 일어날 수 있는 상황에 대처하는 역량을 시험해야 한다는 지적도 이어지고 있습니다. 성별 갈등의 빌미를 주지 않고 성평등 실현에 앞장설 수 있는 새로운 방식의 체력 검증 기준은 어떤 형태여야 할까요?

여자의 근육

나의 몸이나 나의 말과 생각 모두
당신의 그 어떤 대상도 되지 않을 것

하늘하늘, 여리여리, 청순가련. 단어를 듣고 무엇을 떠올리셨나요? 이런 말들이 남성과 잘 어울린다고 생각하는 사람은 별로 없겠지요. 마른 체형에 상냥한 매력을 가진 남성도 꽤 많은데 우리는 그런 것은 여성적이라고 생각합니다. 매력적인 여성이 되려면 가늘고 길고 하얀 외형을 지닌, 그런 가운데 새침한 품성을 조금씩 드러내는 것이 좋다고 생각할지도 모릅니다. 최근의 몸 만들기 열풍을 보면 남자는 근육, 여자는 날씬이라는 성별화된 구조가 그대로 유지되고 있는 걸 알 수 있습니다.

이런 흔한 고정관념은 우리 일상에 다양하게 스며들어 부작용을 낳습니다. 과도한 다이어트로 건강을 해치거나 지나친 외모 집착으로 우울증을 호소하기도 하죠. 그렇게 사회에서 요구하는 몸을 만들고 나면 '거식증에 걸린 것 같다.', '김치녀는 어쩔 수 없다.'라는 혐오의 벽에 또 부딪히는 아이러니.

그러니 탈(脫)코르셋을 주장하지 않을 수가 있겠습니까. 흉부를 압박하는 코르셋을 벗어 던지듯 남의 시선을 의식해 억지로 여성스럽게 꾸미는 압박에서 벗어나자는 탈코르셋. 나의 가슴이 너의 성적 욕망의 대상이 아니듯, 나의 몸이나 나의 말과 생각이 모두 당신의 그 어떤 대상도 되지 않을 것이라는 선언이 바로 탈코르셋 선언이라고 할 수 있습니다.

탈코르셋이라는 말은 여성에게 수많은 자유, 수많은 연대를 가져올 수 있는 말입니다. 단지 립스틱을 쓰레기통에 넣는 것, 콤팩트를 부수고 하이힐을 내버리는 행위에 멈추지 않습니다. 여성을 외모로 규정하는, 그럼으로써 그들을 대상으로 가두어 두려는 그 모든 사슬을 버리는 실천적 행위입니다. 젠더화된 사회의 편견을 버림으로써 새롭게 태어나는 존재가 되는 것이지요. 그러므로 탈코르셋의 궁극적 목적은 자존적인 패션의 선택을 통해 스스로 주체가 되는 것이라 정의해야 합니다. 대상화되는 존재로 구성된 여성의 코르셋을 벗고 새로운 시선으로 세상을 보는 것입니다. 아, 누가 이런 멋진 생각을 해낸 걸까요?

내가 아는 한 발랄한 젊은이는 지나치게 코르셋화되었다 싶을 정도로 풀 메이크업, 짧은 원피스로 눈에 띄었습니다. 그런데 그 걸음걸이만큼은 저벅저벅이라 무의식적으로 한마디 했습니다.

"걸음걸이 너무 터프하지 않아요?"

그 젊은이가 웃으며 하는 말이 걸작이었습니다.

"선생님이 좋아하시는 탈코르셋이에요. 저는 걸음걸이만 탈코르셋했어요."

다시 생각해 보니 그는 이미 주도적인 삶을 살아가는 여성이었고 오히려 제가 옷차림에 대해 어떤 편견을 가지고 있었던 것을 알게 되었습니다.

여리여리한 미를 추구한 적은 없지만 여자는 근육, 뭐 이런 생각을 해 본 적도 없기에 오십 년 넘어 관리를 안 한 몸이 여기저기 고장 신호를 보냅니다. 여성에게 흔한 근골격계 질환이 참을 수 없는 고통을 불러왔습니다. 운동만이 살길이라는 처방전을 받고 여러 생각을 했습니다.

영화 「매드 맥스: 분노의 도로」(2015)를 촬영할 때 한 노년의 여배우가 "나이 든 여배우가 맡는 역할은 병원에서 환자로 누워 있는 것뿐이어서 절대 대역을 쓸 수 없다."며 대역 없이 전투 신을 찍었다는 말을 들었습니다. 모 예능 프로그램에서 배우이자 복서인 이시영이 윗몸 일으키기, 장거리 달리기에서 야구 선수 박찬호를 포함, 남녀 불문 압도적 1위를 해 너무나도 매력적으로 보였던 기억도 떠올랐습니다.

그래서 그렇게 관절통이 심한데 괜찮겠냐는 주변의 만류에도 불구하고 복싱 학원에 등록을 했습니다. 쉴 새 없이 잽과 펀치를 뻗으며 스트레스를 날리는 재미가 그만입니다. 오늘도 미운(?) 사람을 떠올리며 펀치를 날려 봅니다. 힘이 불끈불끈 솟아나며 오십견을 앓는 어깨에 불이 나도록 샌드백을 칩니다. 남자는 근육이라고요? 당연히 여자도 근육입니다.

남녀평등과 양성평등

마치 공기처럼 우리 안에
자연스럽게 스며 있는 차별을 넘어서려면?

운동을 하러 복싱 도장에 갔더니 관장님이 반갑게 맞아 주었습니다. 여성들이 많지 않으리라는 예상과 달리 도장에는 여성 회원이 많았어요. 전에 비해 근력을 키우는 여성도 많고, 격투기를 하는 여성도 많아졌습니다.

관장님은 내 직업명에 양성평등이라는 말이 들어가는 것에 관심을 표했습니다. 요즘 우리나라에서 양성평등은 정말 중요한 문제 같다고요. 이렇게 긍정적으로 관심을 보이는 사람을 자주 만나지는 못한 터라 반가운 마음에 "그렇죠."라고 말하며 웃었어요. 관장님은 진심 어린 표정으로 "우리나라 양성평등 되려면 아직 멀었지요."라고 말했습니다. 그러더니 조금 머뭇거리다가 양성평등과 남녀평등이 다른 거냐고 물었습니다. 너무 초보적인 질문 같다며 수줍게 웃으면서요.

"초보적인 질문이라니요. 중요한 질문이죠. 둘은 같은 뿌리에서 출발한 약간 다른 지향이라고나 할까요? 남녀평등이나 양성평등이나 같은 목표를 지향하는 것 같지만 그 의식의 수준이 다소 다릅니다. 남녀평등이라는 말은 남성을 대표 성으로 쓰는 우리의 말투를 그대로 따르고 있잖아요. 주민번호 앞 번호 1번이 남성인 것처럼요. 그런 경우는 너무 많아요. '신랑/신부', '아빠/엄마', '아들/딸', '할아버지/할머니' 같이 남성을 대표 성으로 두는 말투를 그대로 따른 것이죠."

"아, 정말 그러네요. 전 한 번도 의식하지 못했어요."

"누구나 듣기 전에는 의식하지 못해요. 마치 공기처럼 자연스럽게 우리 안에 스며 있으니까요. 그만큼 차별이 우리의 생각 속에 자연스럽게 차지하고 있다는 거죠."

"영어에서 Man이 사람을 대표하는 거랑 다를 바가 없네요."

이야기는 거기서 끝났지만 어디 이뿐일까요? 서구의 예가 나왔으니 말인데, 우리가 근대 인권 운동의 시발점이라고 알고 있는 프랑스 대혁명이 여성에게는 시민권을 인정하지 않았다는 사실은 아직도 잘 알려져 있지 않지요. 프랑스 대혁명 선언문도 마찬가지였습니다. 프랑스의 인권 선언을 영문으로 하면 'Declaration of the Rights of Man and of the Citizen(남성과 시민의 권리 선언)'입니다. 이에 올랭프 드 구주(Olympe de Gouges)라는 시민운동가는 여성이 배제된 인권 선언에 반기를 들고 여성에게도 참정권이 부여되어야 한다고 주장하며 '여성과 여성 시민의 권리 선언(Declaration of the Rights of Woman and the Female Citizen)'을 발표하기도 했습니다. 이러한 활동으로 투옥되어 변호사 선임도 못한 채 처형되었죠. 그리고 1946년에 이르러서야 프랑스 여성에게 참정권이 주어졌습니다.

'한국 여성의 전화'에서는 매년 여성 인권 영화제를 여는데, 2018년 개봉작이었던 스위스 영화 「거룩한 분노」를 보니 스위스 여성의 참정권은 1971년부터 불완전하게 주어졌고, 1990년에야 완전히 인정받았다고 합니다. 민주주의가 가장 먼저 발달했다고 하는 영국에서조차 100여 년의 긴 투쟁을 거쳐 1928년, 남성과 완전히 동등한 여성의 참정권이 허용되었습니다. 당시 여성 참정권 운동가들은 '서프러제트'라고 불렸는데, 이들은 경찰의 폭력에 속수무책으로 당하는 일이 빈번했습니다. 이에 이디스 가루드(Edith Garrud)라는 여성이 서프러제트가 경찰의 폭력에 대항할 수 있도록 서양 여성 최초로 주짓수 도장을 열고, 비밀리에 서프러제트를 위한 보디가드 팀을 결성하기도 했다고 합니다. 그만큼 치열하고 힘겨웠던 투쟁은 사라 가브론(Sarah Gavron) 감독에 의해 「서프러제트(Suffragette)」(2015)로 영화화되기도 했습니다.

우리는 여성과 남성을 동등한 인격으로 대하는 것이 당연하다고 생각하지만 역사를 돌이켜보면 여성이 남성의 보조적 존재로 살아왔던 흔적을 찾아볼 수 있습니다. 여성에게 남성과 동일한 기회만 주어진다면 얼마든지 그에 못지않은 성과를 낼 수 있다는 자각에서 출발한 것이 '남녀평등' 의식입니다. 그런데 여성이 여전히 독박 육아를 하고, 무임금 가사 노동의 책임을 전적으로 진다면 기회의 균등만으로 평등이 이루어질 수 있을까요? 하여 기회만이 아니라 조건도 평등하게 하는 노력이 반드시 필요하다는 생각을 반영한 것이 '양성평등' 의식이라고 정리할 수 있을 것 같아요. 사회에 존재하는 성별 고정관념에 근거하여 강화된 성 차이를 극복하려는 인식적·정책적 시도들이 이루어지는 것이 남녀평등 의식의 진화체인 양성평등 의식이겠지요.

이디스 가루드의 주짓수가 여성 참정권의 힘이 되었으니 체력을 연마하는 것 역시 평등하고 행복한 삶을 위한 중요한 요소가 아닐까 생각하며 오늘도 펀치를 날려 봅니다.

조선 시대 어느 부부가 주고받은 편지

··

삼종지도, 칠거지악의 가부장적 문화는
그리 오래된 전통이 아닙니다.

우리는 흔히 삼종지도, 칠거지악의 가부장적 문화가 유사 이래로 계
속되어 왔다고 생각합니다. 성평등은 우리네 전통문화와는 별 상관
이 없고, 서구 페미니즘의 열풍으로 이식된 문화라고 생각하기도 하
죠. 그러나 조선 초기 부부가 주고받은 편지를 보면 생각보다 훨씬
평등하고, 무엇보다 우리의 인간관계가 참으로 따스하고 아기자기
함을 알 수 있습니다.

16세기 중반 홍문관 부제학이라는 높은 벼슬에 올랐던 미암(眉
巖) 유희춘과 그의 아내 송덕봉. 이 부부가 주고받은 편지를 한번 읽
어 볼까요?

"목민관으로 부임해 타지에 홀로 머무르는 3~4개월 동안 여색을

전혀 가까이 하지 않았으니, 갚기 어려운 은혜를 입은 줄 아시오."

유희춘이 아내에게 보낸 편지의 일부입니다. 당시 지방에 관리를 파견할 때는 가족이 함께 가면 부패의 원인이 된다 하여 혼자 가게 했는데, 이때 목민관의 수청을 드는 관기가 있는 게 일반적이었습니다. 유희춘은 이런 관습에 기대어 자신의 행동을 자랑 삼아 편지를 보낸 것입니다. 이 편지를 받은 아내 송덕봉은 어떻게 답장을 했을까요? 가끔 강의 중에 이런 질문을 하면 조선 시대이니 옥체보전하시고 마음껏 즐기시라 답변했을 거라는 분들이 간혹 계십니다. 그런데 송덕봉의 답변은 조금 다릅니다.

"무릇 군자가 행실을 닦고 마음을 다스림은 성현의 밝은 가르침인데, 3~4개월 동안 독숙(獨宿)을 했다고 고결한 체하여 은혜를 베푼 기색을 하시오? (중략) 당신은 아마도 겉으로 인의를 베푸는 척하는 폐단과 남이 알아주기를 서두르는 병폐가 있는 듯하오. 나도 또한 당신에게 잊지 못할 공이 있소. (중략) 나는 옛날 당신 어머니가 돌아가셨을 때 '묘를 쓰고 제사를 지냄이 비록 친자식이라도 이보다 더할 순 없다!'라고 하였소. 갚기 어려운 은혜란 이런 것을 말하는 것이오."

부인이 이렇게 조목조목 따지자 미암은 "부인의 말과 뜻이 다 좋아 탄복을 금할 수 없다!"라며 자신의 어리석음을 순순히 인정했습니다.

　미암은 자상하고 개방적인 남편으로 아내가 먼 길을 갔다 오면 다과를 준비해 10리 밖까지 마중을 나갔고, 아내의 몸이 아프면 휴가를 내 곁에서 직접 간호를 했다고 합니다. 그리고 나라에서 여는 특별한 구경거리라도 있으면 아내와 딸이 꼭 볼 수 있도록 했다고 하고요. 말년에는 그동안 아내가 지은 시와 글을 모아 『덕봉집(德峯集)』이라는 문집을 내 주기도 했답니다.

　어떠세요? 우리가 알고 있던 조선 시대 부부의 모습과는 달라도 너무 다르지 않나요? 미암의 일기를 보면 남편에게 순종하며 기죽어 사는 옷고름 씹어 무는 여인이 아닌 남편과 벗의 관계를 유지하며 시를 주고받을 정도로 호방했던 여인, 송덕봉의 면면이 고스란히 드러납니다. 미암에게서도 가부장으로 군림하는 권위적인 남편의 모습이 아니라 자상하고 배려심 깊은 배우자의 모습을 볼 수 있습니다.

　오늘날 우리가 알고 있는 조선 시대의 가부장적 가치관은 17세기 이후인 조선 후기에나 시작된 것이지요. 5천 년 역사에 견주어 보면 그렇게 오래된 전통이 아닙니다. 여성의 모성을 인류 재생산의 기능으로 존중해 온 전통은 오히려 우리가 어느 문명에 뒤지지 않아요. 우리 민족이야말로 존중과 배려의 양성평등 선진국이라 할 수 있겠지요. 본받고 배워야 할 우리 조상의 멋과 기품에 어쩐지 어깨가 으쓱하고 자부심이 생깁니다.

우리나라 최초의 여성 인권 선언문

가부장 문화의 정점에서 여성 인권을 외치다

9월 1일은 대한민국 여성사에서 매우 뜻깊은 날입니다. 우리나라 최초의 여성 인권 선언문이 발표된 날이기 때문입니다. '여권통문(女權通文)'은 1898년 9월 1일 서울 북촌에서 이소사, 김소사의 이름으로 발표하였는데, 여기서 '소사(召史)'는 결혼한 여성을 가리키는 말입니다. 여성이 직접 쓰고 선언한 여권통문에서 이소사, 김소사는 어떤 주장을 펼쳤을까요? 바로 여성의 근대적 권리인 교육권, 직업권, 참정권을 주장했습니다. 그 당시 우리나라 여성들은 근대 교육을 받을 기회가 많지 않았어요. 1886년부터 선교사들이 이화학당, 정신여학교 등 여학교들을 세우긴 했지만 학교 수도 많지 않았고 여성이 교육받을 필요성을 느끼지도 못했습니다. 근대 사회에 적합한 직업을 가질 기회도 없었고, 자신의 주권을 행사하는 선거의 권리 또한 없었어요.

여권통문을 게재한 황성신문

　그런 사회 분위기 속에서 1898년이라는 빠른 시점에 이미 교육의 권리, 직업을 가질 권리, 정치에 참여할 수 있는 권리를 요청한 겁니다. 오늘날 전 세계에서 기념하는 '3·8 세계 여성의 날'을 촉발한 1908년 미국 여성 노동자들의 시위보다 10년이나 앞섰음을 상기해보면 정말 대단한 일입니다.

　여권통문을 이야기하려면 우선 1876년으로 돌아가야 할 것 같아요. 당시 개항을 통해 세계 여러 나라와 교역을 시작하자 조선 사회도 개화해야 한다는 움직임이 활발해졌습니다. 나라가 개화하기 위해서는 여성도 개화해야 한다는 생각을 하는 사람들도 많아졌지요. 서울 북촌 양반 여성들이 이런 취지에 찬성하는 사람 300명 정도를 모아 '여학교 설시 통문', 약칭 여권통문을 발표합니다. 여권통문에서 "신체와 수족과 이목이 남녀가 다름이 있는가. 어찌하여 사나이의 벌어주는 것만 먹고 평생을 심규에 처하여 그 절제만 받으리오."라며 양성의 평등함을 강조하고 여성의 권리 향상이 필요함을 주장했습니다.

여권통문 선언 이후 더 많은 여성들이 모여 최초의 근대적 여성 단체 '찬양회'를 조직해 여학교 설립 운동 등을 펼쳤고 실제로 여학교를 세우기도 했습니다. 이 모든 운동의 바탕에는 '애국·애족에는 남녀 구별이 없다'는 평등사상이 있었습니다. 그래서 찬양회가 1907년 국채보상운동, 1919년 3·1운동 등에서 선도적인 역할을 하게 된 것입니다. 우리 역사상 여성의 독립운동 참여는 국내외에서 조직적으로 지속되었고, 1945년 광복군에도 참여하는 등 그 의의가 적지 않습니다.

봉건 시대의 억압을 떨치고 일어나 여성 인권을 위해 스스로 목소리를 낸 여권통문. 공허한 선언에 그치지 않고 실제로 성과를 거두었다는 점에서 더 자랑스러운 이 역사적 사실이 잘 알려지지 않은 것은 안타까운 일입니다. 여성만의 문제가 아니라 한국 역사 전반에서 소중하고도 의미 있는 선언이니만큼 국가 차원에서 기념하고 재조명해야 하지 않을까요?

가족법 개정과 호주제 폐지

법이 사람을 보호하는 울타리가 아니라
누군가를 때리는 몽둥이였습니다.

「노란 손수건」은 2003년 30%대의 시청률을 기록한 인기 있는 드라마였습니다. 출세에 눈이 먼 남자가 애인을 버리고 결혼을 합니다. 결혼한 두 사람 사이에는 아이가 생기지 않았어요. 그런데 전 애인에게 자신의 아이가 있다는 것을 알게 됩니다. 양심이 있는 사람이라면 이 아이를 자기가 키우겠다고 할 수 있을까요? 더구나 그때는 아빠 없는 자식이라고 온갖 차별을 하던 시절입니다. 그 고통을 감내하며 기른 아이를 내놓으라고 요구하는 뻔뻔함을 호주제라는 법이 보장하고 있다는 사실을 알고 사람들이 깜짝 놀랐습니다. 지금이라면 드라마라고 해도 '막장'이라며 손가락질 받을 설정이 당시에는 가능한 현실이었습니다.

호주제란 아버지의 혈통인 호주를 중심으로 가족 구성원들의 출생·혼인·사망 등의 신분 변동을 기록하는 제도입니다. 여성은 혼인 전에는 아버지가 호주인 호적에, 결혼하면 남편이 호주인 호적에, 남편이 사망하면 아들이 호주인 호적에 올라야 했습니다. 그러다 보니 드라마 「노란 손수건」에서와 같은 사건이 현실에서 일어날 수 있었던 것입니다.

이러한 가족 제도에서 여성의 위치는 어떤 것이었을까요? 예전 우리 민법은 일제 강점기의 법체계를 이어받아 아내는 무슨 일이든 남편의 승낙을 받아야만 하는 '처의 무능력제'를 바탕으로 했습니다. 아내의 재산은 결혼과 동시에 남편의 것이 되었어요. 이혼은 곧 자식도 재산도 모두 빼앗기고 길거리에 나앉는 것이어서 이혼을 할 수도 없었습니다.

불평등한 가족법을 바꾸는 데 이태영이라는 우리나라 최초의 여성 변호사가 큰 역할을 했습니다. 이태영 선생은 32세에 여성 최초로 서울대 법대에 입학한 후 39세인 1952년 제2회 사법 고시에 여성 최초로 합격한 입지전적 인물이었습니다. "법이 사람을 보호하는 울타리가 아니라 우리 여성들을 때리는 몽둥이다. 이 몽둥이를 빨리 치우려면 법을 개정해야 한다."고 주장하며 불평등한 가족법 개정 운동을 주도했습니다. 반대하는 사람들의 온갖 폭언과 행패에도 굴하지 않고 법적 차별로부터 여성을 해방시키기 위해 1956년 '한국가정법률상담소'의 전신이 된 '여성법률상담소'를 창설했어요. 이 같은 노력으로 1989년, 드디어 이혼 여성의 재산 분할 청구권이 인정되었고 모계, 부계 혈족을 모두 8촌까지 인정하게 되었습니다.

호주제 폐지 역시 지난한 과정 끝에 이루어졌습니다. 1999년 한국 여성 단체 연합 산하 '호주제 폐지 운동 본부'가, 이듬해 '호주제 폐지를 위한 시민 연대'가 발족하여 호주제 폐지 국회 청원이 시작되었습니다. 이번에도 역시 거센 반대에 부딪혔습니다. 호주제가 폐지되면 국가와 가족이 위계 없이 무너질 것이라고 생각하는 사람이 많았습니다. 다른 나라에는 전혀 찾아볼 수 없는 전근대적 제도를 마치 우리나라를 유지하는 뼈대인 것처럼 인식했던 것이지요.

헌법 재판소는 5차에 걸친 공개 변론 끝에, 2005년 호주제에 대해 헌법 불합치 판결을 내렸습니다. 2008년 1월부터는 민법상으로도 호주제가 폐지돼 호적 대신 가족 관계 등록부를 사용하게 됐고요. 그렇지만 국가나 가족은 무너지지 않았습니다. 「노란 손수건」의 비극은 이제 더 이상 드라마 소재로도 쓰일 수 없게 된 것이지요. 가부장적 사회의 표상이자 성차별의 정점이었던 호주제 폐지는 이런 역사의 산물입니다.

호주제 폐지 보고서

호주제는 일제 강점기에 도입됐는데 정작 일본은 1947년 호주제를 없앴습니다. 가족 구성원을 호주에게 종속시켜 일률적으로 순위를 정함으로써 평등한 가족 관계를 해치고, 아들 선호를 조장하며, 다양한 가족 형태를 '비정상적'으로 취급하는 호주제. 우리나라는 한동안 이 가부장적이고 여성차별적인 제도를 채택하고 있는 유일한 나라였습니다. 그리고 50여 년에 이르는 기나긴 문제 제기 끝에 호주제를 폐지할 수 있었습니다.

호주제 폐지 과정	
1952	이태영 변호사가 호주제도에 대한 위헌 심판과 헌법 소원 청구
1999	여성 단체 연합의 '호주제 폐지 운동 본부' 발족
2000	113개 여성 단체의 '호주제 폐지를 위한 시민 연대' 발족
2000	호주제 1차 위헌 소송 제기
2003	호주제 폐지 민법 개정안 입법 예고
2004	민법 개정안 2005년 임시국회 통과 방침 합의
2005	헌법 재판소의 호주제 규정 헌법 불합치 결정

<호주제 폐지에 따른 개정 사항>

항목	폐지 전	폐지 후
호주 및 호주 승계	일가의 계통을 계승한 자 등이 호주, 호주 승계는 아들–손자–딸–아내–며느리 순	삭제
신분 등록부	호적	가족형 1인 1적(가족 관계 등록부)
가족의 개념	호주의 배우자, 혈족과 그 배우자	배우자, 직계 혈족 및 형제자매, 생계를 같이 하는 직계 혈족의 배우자·배우자의 직계 혈족·배우자의 형제자매
자녀의 성	아버지의 성을 따름	원칙적으로 아버지 성을 따르나 부부가 결혼 전 합의하면 어머니의 성을 따를 수도 있음
동성동본 결혼	금지	8촌 이내의 근친혼만 금지
재혼 가정의 자녀	새아버지와 살아도 성은 친아버지의 것을 따름	자녀의 복리를 위해 필요할 경우 가정 법원의 허가를 받아 자녀의 성과 본을 바꿀 수 있음
이혼 가정의 자녀	어머니가 키워도 아버지의 호적에 남아 있음	가정 법원의 판단에 따라 어머니의 성을 따를 수 있으며 개별 신분 등록부를 가지게 됨
친양자 제도	없음	양자를 양부모의 친생자로 신분 등록부에 기재, 양부모의 성과 본을 따를 수 있음
여성의 재혼 기간	혼인 관계가 종료된 날로부터 6개월간	삭제

(출처: 서울시NPO지원센터 블로그, 중앙일보)

당신이 화폐 선정 위원이라면

....

> 돈은 우리의 역사와 정체성과 비전을
> 보여 주는 표상입니다.

2019년은 3·1운동과 임시 정부 수립 100주년이 되는 해입니다. 이런 역사적 의의가 있는 시점을 맞으면 심심치 않게 제기되는 문제 중 하나는 바로 우리나라 화폐에 관한 것입니다.

1962년부터 제작되어 온 우리 화폐에는 퇴계 이황, 율곡 이이, 세종대왕, 신사임당 등 공교롭게도 조선 시대 인물 '만' 등장해요. 모두 훌륭한 역사적 인물이지만 미래로 나아가는 한국을 표상하지 못한다는 지적은 일리가 있죠. 한 국회의원은 이 같은 문제를 제기하며 우리 화폐에서도 한국의 정체성과 비전을 보여 줄 수 있는 새로운 시도가 필요하다는 주장을 펼쳤습니다. 더불어 한국을 역동적으로 표현할 상징으로 다음과 같은 인물과 이미지를 제시했어요.

▲고구려 광개토대왕과 광개토대왕비 ▲백제 장보고와 해상선

118

단 ▲팔만대장경 ▲세종대왕과 훈민정음 ▲이순신과 거북선 ▲의병 ▲장영실과 측우기 ▲유관순과 3·1운동 ▲민족대표 31인과 독립선 언서 ▲대한민국 임시 정부와 독립군 ▲시인 윤동주와 서시 ▲독도 와 무궁화 ▲해질녘 한강 풍경 ▲손기정과 태극기 ▲태권도 ▲여성운 동가 이태영 박사

어떠세요? 이렇게 놓고 보니 확실히 한국의 역사가 역동적으로 읽혀지네요.

그렇다면 우리나라 화폐에는 언제 처음 여성이 등장했을까요? 그리고 그는 누구일까요? 정답은 2009년, 신사임당입니다. 신사임 당이라고 하면 흔히 율곡 이이의 어머니라는 걸 가장 먼저 떠올릴 겁니다. 우리 사회에서 현모양처의 표상처럼 여겨지는 인물이죠. 2004년에 5만 원권 화폐 인물을 선정할 때 한국은행은 양성평등 의 식을 제고하기 위한 목적으로 신사임당을 최종 후보에 올렸는데요. 사실 여성계에서는 다른 의견을 가지고 있었습니다. 신사임당보다 는 민족 해방을 위해 목숨을 바친 유관순 열사나 조선 정조 때 제주 특산물을 육지의 옷감, 장신구, 화장품 등과 교환하여 판매하는 등 탁월한 상술로 엄청난 부자가 되었으며 흉년이 들자 쌀을 기부해 수 천의 굶주린 백성을 살린 김만덕이 적합하다는 입장이었죠. 두 인물 모두 당시 여성의 성 역할에서 벗어나 남다른 행보를 보였다는 공통 점이 있습니다.

그러나 결국 우리나라 최초의 여성 화폐 인물은 신사임당이 선정되었습니다. 물론 신사임당은 율곡 이이의 어머니이자 현모양처라는 이미지 못지않게 시와 그림을 사랑한 예술인으로서 삶을 개척한 사람이었습니다. 여러분이 만약 화폐 선정 위원이라면 한국을 대표하는, 한국의 과거로부터 미래를 만들어 가는 인물로 어떤 사람을 선정하시겠어요?

당신의 창(窓)은 안녕한가요?

··

아무렇지 않게 쓰는 말에
고정관념이 숨어 있습니다.

비 오는 날 누군가로부터 "비 오는 소리를 들으니 부침개 먹고 싶네."라는 이야기를 들을 때가 있죠. 가만 들어 보면 타닥타닥 빗소리가 정말 밀가루를 기름에 부치는 소리처럼 느껴집니다. "비 오는 날은 우충충해서 기분이 우울해져."라고 말하면 또 한없이 까라지는 기분이 들기도 해요. 그래서 언어를 '존재의 집'이라고 부르거나 우리가 '언어의 감옥'에 갇혀 산다고 하나 봅니다. 언어를 어떻게 사용하느냐가 우리의 생각과 행동에 영향을 미친다는 말을 하기 위해 유명한 석학들의 표현을 잠시 빌려 보았습니다.

그런데 안타깝게도 우리 언어에는 소수자를 차별하는 표현이 많습니다. 차별하는 마음이 차별 표현을 만들지만, 그 표현을 자주 접하게 되면 차별의 마음이 더욱 커지게 되겠지요. 국립국어원에서는 2006년에 우리 언어에 어떤 차별적인 표현이 있는지 연구하였는데요. 성차별, 신체 특성 비하, 인종·국적·지역 비하, 직업이나 사회적 지위를 비하하는 표현이 많다는 결과가 나왔습니다. 국립국어원은 연구 결과를 반영하여 대안으로 사용할 표현들도 제시하였습니다. 예를 들어 식모, 파출부는 가사 도우미로, 청소부는 환경미화원으로, 잡상인은 상인으로 사용하도록 권장하였습니다. 또 벙어리, 귀머거리는 각각 언어 장애인과 청각 장애인을 대안적 표현으로 제시하였죠,

우리는 성차별적 언어도 일종의 관습처럼 생각하며 흔히 사용하고 있습니다. 가장 흔한 예는 여선생, 여학생, 여성 과학자와 같이 여성을 마치 주변인처럼 표현하는 것입니다. 선생, 학생, 과학자의 부류에 여성은 예외적이라는 것처럼 말이죠. 여성을 비하하는 말로 여편네, 마누라, 여시 등의 말이 있고, 여성을 정복의 대상으로 생각하는 은유적 표현으로 처녀작, 처녀 출전 같은 말도 문제가 됩니다. 대안이라면 일반 명사에 여성을 특별히 표기하지 않거나 '처녀'라는 말을 '첫'으로 바꾸는 것이겠죠. 비하하는 표현을 쓰지 않고 존중하는 표현으로 바꾸는 것은 당연한 일입니다.

2019년 한 지자체에서는 자궁을 포궁으로, 출산율을 출생률로, 유모차를 유아차로 바꿔 쓰자는 제안을 하기도 했습니다. 그 이유를 유모차의 예로 알아볼까요? 유모차는 유아를 태우고 다니는 차를 말하는 것으로 반드시 엄마가 끌어야 하는 것은 아닙니다. 아이가 타고 있다는 것이 중요한 것이죠. 그러니까 아이를 중심으로 유아차

라고 쓰자고 말하는 겁니다. 외국의 예를 봐도 baby carriage, 즉 아기 수레라고 불러요. 유'모'차라면 무의식 중에 엄마가 끌어야 하는 것을 전제할 수 있고, 이는 엄마, 아빠 모두에게 육아의 책임이 있다는 긍정적 의미를 담고 있지 못하니 바꿔 쓰자는 거죠.

그렇게까지 예민하게 굴 이유가 무엇인가 싶으신가요? 언어 기호학자 롤랑 바르트(Roland Barthes)는 "언어의 창을 통해 세상을 바라본다."고 말했습니다. 편협하게 찌그러진 창으로 세상을 보지 않으려면 아무렇지 않게 쓰던 표현에 혹시 무의식적으로 반영된 고정 관념이 있는지 점검해야 하지 않을까요.

성평등 언어 사전

서울시여성가족재단은 일상생활에서 흔히 겪는 성차별 언어를 시민의 참여를 통해 새로운 단어로 바꿔 보는 '서울시 성평등 언어 사전'을 발표하고 있습니다. 시즌1, 시즌2의 이름으로 우선적으로 개선해야 할 언어를 10개씩 발표했는데, 단어별로 지지와 비판의 반응이 엇갈렸습니다. 여러분은 어떻게 생각하시나요?

<서울시 성평등 언어 사전>

시즌 1	시즌 2
여의사·여배우·여직원 등 → 의사·배우·직원 등 : 직업 등 앞에 붙이는 '여' 빼기	맘스 스테이션 → 어린이 승하차장 맘 카페 → 육아 카페 마미캅 → 아이 안전 지킴이 : 육아 관련 신조어에 '맘(Mom)'이 아니라 실제 이용하는 어린이를 주체로 사용하기
여자고등학교 → 고등학교 : 남자고등학교라고 표현하지 않는 것처럼 '여자'라는 표현 빼기	분자, 분모 → 윗수, 아랫수 : 엄마와 아들로 빗대지 않고 객관화된 표현 쓰기
처녀작·처녀출전 → 첫 작품·첫 출전 : 일이나 행동 등을 처음으로 한다는 의미의 '처녀'를 빼고 '첫'으로 쓰기	수유실 → 아기 쉼터, 아기 휴게실 : 남성의 거리낌을 없애고 모두가 아기를 돌보는 공간이 될 수 있도록 바꾸기
유모차 → 유아차 : 평등 육아 개념에 반하는 '모(母)'를 빼고 유아를 중심으로 표현하기	김여사 → 운전 미숙자 : 성별, 연령대를 나타내는 단어 순화하기

<서울시 성평등 언어 사전>

시즌 1	시즌 2
그녀 → 그 또는 그 여자 : 남성이 기본값이라고 여기는 대명사 사용하지 않기	부녀자 → 여성 : 기혼 여부 등을 구분하지 않고 쓰기
저출산 → 저출생 : 여성이 아기를 적게 낳는 것이 아니라 아기가 적게 태어난다는 의미로 바꾸기	경력 단절 여성 → 고용 중단 여성 : 여성의 경력이 단절된 것이 아니라 고용이 되지 않은 상태라는 점을 나타내기
미혼 → 비혼 : 결혼을 못한 게 아니라 안 한 거라는 의미로 바꾸기	낙태 → 임신 중단 : 여성이 임신 과정에서 주체적으로 선택한다는 의미로 순화하기
자궁 → 포궁 : 특정 성별이 아니라 세포를 품은 집이라는 의미로 바꾸기	버진 로드 → 웨딩 로드 : 결혼 당사자들이 함께 입장한다는 의미로 바꾸기
몰래카메라 → 불법 촬영 : 몰래 하는 장난이 아니라 카메라를 이용한 성범죄라는 의미 강조하기	스포츠맨십 → 스포츠 정신 비즈니스맨 → 비즈니스퍼슨 : 성별 구분 없는 표현 쓰기
리벤지 포르노 → 디지털 성범죄 : 가해자 입장의 용어이고, 포르노가 아니라는 의미에서 바꾸기	효자 상품 → 인기 상품 : '효자'로 비유하기보다 인기가 많은 현상 그대로 표현하기

(출처: 서울시여성가족재단)

속담이 유죄

누군가를 비하하고 차별을 조장하는 속담은
전통이 아니라 악습의 증거입니다.

몇 년 전 한 대학 축제의 게임 대회에 출전한 팀 이름이 '삼일한'이었는데, 이 일로 언론이 시끄러웠던 적이 있습니다. 일반인들에게는 익숙하지 않은 이 말은 대회가 결승전에 돌입하면서 눈에 띄게 되었지요. 본인들의 해명에 의하면 팀 이름은 '게임에 이겨서 3일에 한 번씩 승급하겠다.'는 의미였다고 해요. 그러나 인터넷에서는 이미 '북어와 여자는 3일에 한 번씩 패야 한다.'는 뜻의 여성을 비하하는 말로 사용되고 있었습니다. 대회 주최 측은 결국 다음과 같은 사과를 하였습니다.

"삼일한은 명백한 여성 혐오 및 비하의 표현이며, 결코 일종의 '농담'으로 관용될 수 없다는 입장에 공감한다. 또한 그 의미를 제대로 알지 못하고 사용했다 하더라도, 학교의 축제라는 공적인 공간에서 여학생들을 포함, 불특정 다수의 구성원들에게 불쾌감과 모욕감

을 주었다는 점에서 해당 팀명을 사용한 참가자들에게 도의적 책임
이 있다."

　사실 이 말은 우리 속담에 있는 표현입니다. 여성을 비하하고
가정 폭력을 합리화하는 말이어서 오래전에 사장된 속담이라고 생
각했는데, 현실에 생생히 살아 젊은이들 사이에서 새로운 관용어
가 되어 있었다니요. 여자를 북어와 동일시하고, 이유도 원칙도 없
이 3일에 한 번 구타의 대상으로 삼아야 한다는 무서운 속담이 아직
도 우리 사회에서 쓰이고 있었다는 게 충격적이었던 사건입니다. 만
일 누군가가 3일에 한 번 북어가 방망이로 온몸을 두드림질 당하듯
이 몽둥이질을 당한다면 어떨까요? 참으로 무섭고 끔찍한 일일 텐
데 얼마나 상상력과 공감력이 부족하면 이런 말을 아무렇지도 않게
하는 것일까요? 속담이 유죄라면 유죄일까요?

　여성이 집안일을 좌지우지하면 안 된다는 말을 비유하는 '암탉
이 울면 집안이 망한다.'는 속담이 있지요. 미운 사람이 미운 짓만 골
라 한다는 뜻이면서 제사 준비는 며느리가 해야 한다는 뜻을 내포한
'미운 며느리 제삿날 병난다.'는 속담도 생각납니다. 남편을 잘못 만
나 신세를 망치면 헤어나기 어려우며, 여성의 운명이 남성에게 달려
있다는 뜻의 '여자 팔자는 뒤웅박 팔자'라는 속담도 있어요.
　이와 같은 속담은 여성이 자신의 욕망과 주장을 체념하도록 만
듭니다. 아무런 의사를 표현하지 않을 때만이 억울한 구타를 당하지

않고, 적어도 괜찮은 여자라는 말이라도 들을 수 있을 테니까요. 과거 우리 여성들이 그랬죠. 누구나 인격을 존중받는 행복한 세상을 만들고자 노력하는 시대가 지금이라면 이런 속담들은 더 차별 없는 사회를 만들기 위해 더 이상 사용되어서는 안 되겠지요. 일상에 스며 있다가 아무 때나 튀어나오지 않도록 항상 경계합시다.

드라마가 그리는 여성

젠더 구조의 비틀기,
성 고정관념에서 벗어난 캐릭터의 창출을 위하여

1985년 미국의 만화가 엘리슨 백델(Alison Bechdel)은 영화를 평가하는 재미있는 테스트를 만들었습니다. 이름을 가진 두 명 이상의 여성이 등장하고, 서로 대화하여야 하며, 대화 내용이 남성과 관련된 것이 아니어야 하는 세 가지 기준을 통과해야 합니다. '벡델테스트'라 불리는 이 지표는 영화에서조차 여성이 주변부에 있거나 남성을 중심으로 살아가는 성차별적 현실을 꼬집습니다.

　　장르적으로 볼 때 일상생활에 가장 근접하고 친숙한 드라마에서 성평등 이슈는 더 큰 문제가 됩니다. 특히 우리나라 드라마는 가부장적 문화나 정상 가족 이데올로기를 강화시키는 분위기, 전업주부를 과소평가하는 대사, 남성 의존성이 강하거나 보조적 인물에 머무는 여성 묘사, 외모 지상주의 등 성 역할 고정관념을 조장하거나 성희롱·성폭력의 정당화, 선정성 등으로 다양한 문제 제기를 받아

왔죠. 성평등 이슈가 중요해진 사회 분위기 속에서 이어진 비판의 결과 드라마 속 여성 캐릭터는 점차 다양해지고 있습니다. 최근 인기를 모은 드라마 속 여성 인물들은 과연 어떤 변화를 보여 주었을까요?

2018년 상반기의 인기 드라마 「미스티」의 주인공인 앵커 고혜란은 복합적이고 강렬한 욕망을 가진 인물이었습니다. 성적 욕망, 성공의 욕망, 행복의 욕망 등이 합치되거나 반목하며 이야기가 진행되었죠. 과거라면 마녀의 속성으로 그려질 모습이 설득력 있게, 심지어 매력적인 모습으로 형상화되었습니다.

하반기 방영한 「미스 함무라비」는 현직 부장판사가 쓴 드라마라는 점에서 주목받았는데요, 주인공 박차오름 판사는 특별히 여성이어야 할 이유가 없는 정의로운 판사로 등장합니다. 이 부분이 매우 중요한데, 박차오름이 여성이기 전에 사람이며, 그저 그 사람이 남다른 정의감과 추진력을 갖고 있을 뿐이라는 것을 잘 보여 주기 때문입니다.

2019년, 비정하고 타락한 한국의 정치를 보좌관의 시선에서 그려 관심을 받은 「보좌관」. 앞의 두 드라마와는 달리 여성이 주인공인 드라마는 아닙니다. 강선영 의원은 이전투구의 정치판에서 나름의 자기 가치를 실현하려는 인물로 등장합니다. 음모와 배신 등 타락한 방식에 굴하지 않고 무뎌지되, 나름의 생존전략을 취하며 문제적 상황을 타파해갔죠. 한부모 지원법을 통과시키고, 한 소녀를 구하고,

낙태죄에 대한 여론의 역풍을 막아냅니다. 성별을 떠나 이해관계로 뒤섞인 세계에서 자신의 목표를 이루어가는 현실적인 인물이었다는 점에서 진일보한 캐릭터였습니다.

드라마에서 그리는 여성 인물의 이와 같은 변신은 문제의식을 가지고 그 표현 방식, 재현 방식을 끊임없이 문제 삼아 온 결과입니다. 드라마뿐 아니라 모든 대중 매체의 문제점을 개선하기 위해서는 젠더 이슈의 중요성을 알고 이를 총괄할 수 있는 컨트롤 타워가 필요합니다. 프로그램 기획 단계에서부터 성평등 관점의 도입을 고민, 적용할 수 있는 시스템이 있어야 하는 것이죠. 이와 같은 관심과 고민으로부터 등장한 여성 인물이 등장해야 더 재미있고 박진감이 넘칠 것이라고 생각합니다. 젠더 구조의 비틀기, 성 고정관념에서 벗어난 캐릭터의 창출이야말로 드라마가 약진해야 할 새로운 영역일지도 모르겠습니다.

공감: 불편한 질문에 정당한 답 찾기

불편하다는 이유로 부당함과 고통을 모르는 척하는
현실 속에서 바뀌는 것은 없습니다. 스스로를 무력하게 만들지 마세요.
우리의 공감 능력은 불평등한 사회를 바로잡고,
아픈 사람을 구하는 힘이 될 수 있습니다.

젠더 박스 탈출하기

···

당신도 혹시 젠더 박스에 갇혀 있지 않나요?

'키 160cm 이상의 용모 단정한 미혼 여성', '신체 건강한 남성' 같은
구인 광고 문구는 성차별적인 것일까요? 혹은 자연스러운 차이를
나타낸 걸까요?

　주변에서 여전히 접하는 이러한 표현은 차별을 내포한 표현, 성
인지 감수성이 부족한 표현입니다. 여성과 남성에게 기대하는 상이
다르기 때문에 다양한 개성이 이 틀에 갇혀버릴 수도 있지요. 학자
들은 이 틀을 '젠더 박스(gender box)'라고 부르기도 합니다. 미국의
법학자 제니퍼 나이(Jennifer Nye)는 우리 사회에 보이지 않는 두 개의
박스가 존재한다고 합니다. 그 박스는 여성성과 남성성이라는 박스
로, 거기서 조금이라도 벗어나거나 두 개의 젠더 박스에 동시에 들
어가 있으면 문제로 받아들인다는 것입니다.

그럼 다음 중 젠더 박스와 관계없는 말은 어떤 걸까요?

① 여자분들이 많아서 꽃밭처럼 환하네요.
② 초콜릿 복근이시네요.
③ 힘든 일은 남자에게 맡겨.
④ 결혼하면 아이는 몇이나 낳을 거예요?
⑤ 모두 다 관계있다.

정답은 '⑤ 모두 다 관계있다.'입니다. 앞의 말들은 모두 차별적으로 보이지 않는 차별적인 말입니다. 외모 평가는 누군가를 기분 나쁘게 하죠. 힘든 일은 남자에게 맡기라는 말은 남자에게도 여자에게도 적절하지 않습니다. 결국 모두 일정한 성 고정관념이 있어 행동과 의식을 제한하는 말들입니다.

물론 성뿐만 아니라 나이, 인종, 장애, 학력, 직업, 혼인 여부 등을 기준으로 차별하거나 통념적인 발언도 하지 않도록 주의해야 합니다. "나이순으로 하죠." 같은 말은 연장자로서 젊은이들에게 흔히 저지르는 잘못입니다. "어느 지역에서 왔어요?" 이런 질문은 지역 차별을 조장할 수 있고요. 어떤 집단에게도 특별한 고정관념과 차별을 두어서는 안 되는 것입니다.

이런 맥락에서 우리에게는 성 인지 감수성이 필요합니다. 막연하게 동의하는 데 그치지 않고 정말 성 인지 감수성을 기르고 싶은 이들을 위해 그 방법을 알려 드릴게요.

첫째, 스스로가 성 고정관념을 가지고 있지는 않은지, 만일 그렇다면 어떻게 생각과 행동을 바꾸어 갈지 끊임없이 성찰해야 합니다. 그동안 봐 왔던 방식을 의심하며, 과연 누구의 관점에서 일상과 사건을 봐 왔는지 생각해 보는 것이지요. 자신에게 성 고정관념이 있다고 인정하는 것이야말로 성 인지 감수성을 함양하기 위한 출발점이며, 사물과 사건을 올바르게 파악하는 시발점입니다.

둘째, 스스로 성찰만 한다고 성 인지 감수성이 무조건 향상되는 것은 아니니 성평등 관련 책이나 기사를 읽고 관련 지식과 경험을 쌓도록 노력해야 해요. 그것만으로 부족하다고 느껴진다면 전문적인 기관을 통해 교육을 받는 것도 좋은 방법이 될 수 있습니다.

셋째, 앞선 노력으로 어느 정도 성 인지 감수성이 갖춰지면 일상생활을 하거나 대중 매체 등을 볼 때 이를 적용해 보도록 합니다. 이전까지 몰랐던 성차별적 고정관념의 증거를 많이 발견할 수 있을 거예요.

넷째, 다른 사람이 성 고정관념에 근거하여 판단하고 말할 때, 그것이 나의 생각과 어떻게 다른지 이야기하고 본인이 함양한 성 인지 감수성을 전파할 수 있도록 노력해야 합니다. 어떤가요? 성 인지 감수성을 통해 우리 함께 젠더 박스에서 탈출해 보지 않으실래요?

나의 양성평등 지수 체크 리스트

당신의 양성평등 지수는 과연 몇 점인가요? '그렇다'는 1점, '아니다'는 0점입니다.

번호	나의 양성평등 지수 체크 리스트	그렇다	아니다
1	부드러움과 상냥함은 여성의 타고난 미덕이다.		
2	파마, 화장, 액세서리 등 치장하는 남자는 부자연스럽다.		
3	남자는 되도록 다른 사람 앞에서 울지 말아야 한다.		
4	여자는 폭넓은 대인 관계를 형성하는 능력이 남자에 비해 부족하다.		
5	남성은 육아 휴직을 하지 않는 것이 좋다.		
6	가계 부양의 일차적 책임은 남성에게 있다.		
7	자녀가 잘못했을 경우 부부 중 아내 쪽의 책임이 더 크다.		
8	딸은 여자답게, 아들은 남자답게 키우는 것이 좋다.		
9	설거지 등의 집안일은 아들보다 딸에게 시키는 것이 더 자연스럽다.		
10	여성과 남성은 타고난 지적 능력의 차이가 있다.		
11	여자는 남자보다 선천적으로 수학, 과학에 대한 소질이 적다.		
12	남녀의 신체적 차이 때문에 체육 수업과 스포츠 활동은 남학생 위주로 될 수밖에 없다.		

【합계】

8~12점: 성별에 꽤 얽매여 있군요. 한 번 더 일상생활을 살펴보세요.

4~7점: 의외의 구석에서 성별에 구애받는군요. 양성평등을 지향하세요.

0~3점: 성별에 구애받지 않는군요. 양성평등 사회를 위해 힘을 발휘해 보세요!

(출처: 교육부, 2015 양성평등 교육 학습 자료)

엉터리 성폭력 예방 책자

'피해자가 되지 않도록 조심합시다.'
이건 예방 교육이 아닙니다.

성폭력 예방 교육을 담당하는 한 정부 기관에서 배포한 책자가 논란
이 된 적이 있습니다. 성폭력 예방을 위한 지침을 제시하기 위해 만
들어진 책자에 오히려 성차별적이고 성적으로 굴욕감을 주는 내용
이 포함되어 있었기 때문입니다.

웹툰으로 구성된 자료는 피해자가 고민을 상담해 주는 여러 에
피소드를 담고 있었는데, 그 과정에서 불법 촬영, 몰카의 SNS 공유,
성희롱과 성매매를 연상시키는 불법 채팅 등 범죄 행위가 지나치게
자세히 묘사되어 모방범죄를 일으킬 수 있다는 염려를 불러일으켰습
니다. 비속어, 욕설은 물론 피해자의 신체를 과도하게 보여 주는 등
교육에 불필요한 장면도 묘사되었지요. 그뿐 아니라 폭력을 예방하
기 위한 방안으로 '가해자의 표적이 될 수 있는 말과 행동 주의하기',
'싫다는 의사 표현은 부드럽고 단호하게 전달하기' 등을 제시해 피해

자가 조심해야 된다는 내용을 담고 있었습니다.

이 어이없는 자료는 예방의 기능을 하기는커녕 오히려 자료를 본 사람들이 폭력을 학습하거나 성적인 불쾌감을 느끼게 하였습니다.

왜 이런 일이 발생한 걸까요?

업무 담당자는 폭력 예방을 위해 관련 자료를 제작하고 비치했을 것입니다. 이 자료를 만든 기관의 담당 공무원도 나름대로 소명감을 가지고 일했으리라 생각합니다. 그럼에도 불구하고 우리 사회에 만연해 마치 관행인 것처럼 여겨진 성 고정관념이 이런 결과를 불러온 것이지요. 가장 큰 문제적 고정관념은 성에 관한 문제는 피해자가 책임져야 한다는 의식입니다. 그러니 폭력을 예방하기 위한 방안도 피해자가 조심해야 된다는 내용으로 구성했던 것이겠죠.

모든 범죄는 가해자가 되지 말라는 교육을 통해 예방해야 합니다. 때리지 맙시다. 도둑질하지 맙시다. 안전 운전합시다. 그게 예방 교육입니다. 맞지 않기 위해 조심합시다. 도둑맞지 않도록 합시다. 교통사고 당하지 않게 조심합시다. 이건 예방 교육이 아닙니다.

성폭력 예방을 위해 '가해자가 되지 맙시다.', '상대방의 성적 의사를 존중하고 모든 행동에 동의를 구합시다.'와 같은 교육이 당연하게 이루어지는 사회는 요원한 걸까요.

장난일까, 범죄일까?

....

불법 촬영과 유포 행위는
피해자의 삶을 파괴하는 악성 범죄입니다.

신영이네 반 이야기입니다.

"장난이야. 장난도 못 받아 줘?"

"내가 싫다고 했는데 무슨 장난이야. 네가 장난이라고 하면 장
난이 되는 거야?"

"싫어할지 몰랐지. 왜 그런 걸로 화를 내? 그래서 네가 까칠하다
고 하는 거야!"

"싫다고 했는데 장난이라면서 자꾸 하는 건 뭔데?"

언성이 높아집니다. 이 친구들, 왜 이러는 걸까요?

신영이는 스마트폰으로 사진 찍기를 좋아합니다. 친구들 사진
도 많이 찍었어요. 친구들은 웃기도 하고 손가락으로 브이를 만들어

보이기도 합니다. 어떤 친구는 무표정했어요.

영호는 사진을 찍지 말라고 말했어요. 처음엔 웃으면서, 다음엔 "나 사진 찍히는 거 싫어."라고 말했습니다. 그런데도 신영이는 사진을 찍었습니다.

한 친구가 신영이의 스마트폰을 열었습니다. 사진첩에 영호의 사진이 여러 장 있었어요. 무표정한 모습, 웃는 모습도 있고 화내는 모습, 고개를 젓는 모습, 엎드려 자는 모습도 있었습니다.

"왜 영호 사진이 이렇게 많아?"

신영이는 우물쭈물했어요. 다른 친구가 말했어요.

"영호가 화장하고 다녀서 그래."

그 말을 듣고 영호는 화를 냈어요.

"신영이가 잘못했는데 왜 내 탓을 해?"

"학생이 화장하고 다니는 게 문제지. 입술에 빨간 거 바르잖아."

"이거 립글로스야."

"학생이 화장하니까 신기해서 찍은 거잖아."

"신영이가 찍은 건데 왜 내 립글로스 탓을 하는 거야?"

반이 시끄러웠습니다. 아이들은 담임 선생님께 이 상황을 여쭈어보자고 했습니다. 마침 선생님은 햇살을 이고 들어와 계셨어요. 이야기를 들은 선생님은 고개를 끄덕이셨습니다.

요즘 십 대들은 문자보다 동영상과 이미지에 더 익숙해 갈등도 많이 일어나요. 장난으로 생각하며 행동한 게 단순한 장난에 그치지 않고 다른 사람의 인격 침해로 이어지는 경우도 많습니다. 이런 설명과 함께 선생님은 '몰카'라고 말하는 사진 촬영이 상대방이 원하지 않는 촬영이란 의미에서 '도촬', 즉 도둑 촬영이라고 불린다는 것도 알려 주셨어요. 법적으로는 불법 촬영이라고 합니다. 요즘 온라인에 불법 촬영한 사진을 게시해 조회 수를 올리면서 자신감을 얻는 학생들이 생기고 있는데 그러다 보면 점점 자극적인 사진을 찍어 올리게 된다고도 말씀해 주셨습니다. 디지털 성범죄를 저질러 처벌받은 사례도 덧붙이고요.

한 남자 초등학생은 잠든 누나의 발목과 손목을 테이프로 묶고, 누나를 깨워 당황해하는 모습을 비추고는 '좋아요와 구독 버튼을 눌러 달라.'고 말하는 영상을 유튜브에 올렸습니다. 어느 십 대 남성은 반바지를 입은 어린 여동생의 하반신을 비춘 후 동생의 배, 허벅지, 다리 등을 때리는 영상을 게시했는데, 채팅 창엔 '다리 만지네. 부러워ㅠㅠ' 등 성희롱 발언이 올라왔다고 해요. 또 다른 남자 초등학생은 '구독자 1,000명을 달성하면 우리 엄마 엉덩이를 보여 주겠다'더니, 실제로 누군가의 엉덩이를 5초가량 찍어 유튜브에 올리기도 했습니다(여성신문, 2018.5.21). 이런 일들은 절대로 장난이 될 수 없습니다. 결코 해서는 안 될 행동이지요.

이처럼 디지털 성폭력은 청소년들 사이에서 빠르게 퍼지고 있습니다. SNS에 불법 촬영물을 올리는 일은 오프라인의 성범죄에 비하면 심각하지 않다고 생각하는 게 문제입니다. 2017년 정부에서는 디지털 성범죄 피해 방지 종합 대책을 발표했습니다. 그 내용은 처벌 강화, 피해자 지원 강화, 온라인상 불법 촬영물의 신속한 차단과 유포 방지, 행정 기관·공공 기관과 학생 대상 성폭력 예방 교육 시 카메라 불법 촬영과 유포 행위의 위험성·처벌 법규 등을 집중 교육, 디지털 성범죄 예방 교육 자료를 개발·보급하는 등 전방위적 대책을 추진하겠다는 것이었어요. 불법 촬영은 '피해자의 삶을 파괴하는 악성 범죄'이므로 '중대한 위법으로 다루는 인식 전환이 필요하다'는 것입니다.

선생님께서는 처음부터 상대방이 원하지 않는 사진을 찍어서는 안 되고, 또 동의 없이 사진을 온라인상에 올려서도 안 된다고 했습니다.

신영이는 영호의 사진을 지웠어요.

"저는 그냥 장난으로 한 것뿐인데 선생님 말씀을 들으니 다음부터 이런 장난은 안 해야겠어요."

그런데 한 친구가 선생님께 다시 여쭈었어요.

"신영이가 다른 친구보다 영호를 많이 찍은 건 화장을 했기 때문이에요. 그러니 영호 잘못도 있는 거 아니에요?"

"오늘 일은 영호가 립글로스를 발랐거나 안 발랐거나 동의 없이 사진을 찍으면 안 된다는 것이 요점이에요. 영호의 립글로스 얘기는 다음에 합시다."

"선생님, 그러면 내일 자유 활동 시간에 토론해 보면 어떨까요?"

"좋은 생각이에요. 다 같이 토론하면서 의견을 나누어 볼까요?"

학생들은 모두 고개를 끄덕였어요.

디지털 성폭력

디지털 성폭력이란 디지털 기기 및 정보 통신 기술을 매개로 온오프라인 상에서 발생하는 젠더 기반 폭력입니다. 동의 없이 상대의 신체를 촬영하거나 유포·유포 협박·저장·전시하는 행위 및 사이버 공간에서 타인의 성적 자율권과 인격권을 침해하는 행위를 포괄합니다. 이 중 성적 목적을 위한 불법 촬영, 성적 촬영물 비동의 유포, 통신 매체를 이용한 음란 행위 등은 현행법상 범죄로 규정됩니다.

다양한 디지털 성폭력	
불법 촬영	치마 속, 뒷모습, 전신, 얼굴, 나체, 용변 보는 행위 등을 촬영하는 행위
비동의 유포, 재유포	촬영된 영상물을 동의 없이 웹하드, 포르노 사이트, SNS 등에 업로드 단톡방에 유포
유통, 공유	웹하드, 포르노 사이트, SNS 등의 사업자 및 이용자
유포 협박	▫ 가족, 지인에게 유포하겠다는 협박 ▫ 이별 후 재회를 요구하며 협박 ▫ 유포 협박으로 금전 요구 등
사진 합성	피해자의 일상적 사진을 성적인 사진과 합성 후 유포
성적 괴롭힘	사이버 공간 내에서 성적 내용을 포함한 명예 훼손이나 모욕 등의 행위

(출처: 한국여성인권진흥원 여성폭력 Zoom—In)

<일상 속 디지털 성폭력의 양상과 대처법>

— 친구들이나 지인 간에도 디지털 성폭력이 발생할 수 있습니다.

— 잘 모르고 지내던 사람이 SNS를 통해 지속적으로 대화를 걸고 손, 발, 얼굴부터 시작해서 몸 사진을 요구하는 일이 일어납니다.

— 공유한 사진을 유포하겠다, 혹은 가족이나 친구, 학교나 직장에 보내 겠다고 협박하며 가혹한 성 착취를 합니다.

— 때로는 나의 얼굴을 다른 사진과 합성해서 유포하는 경우도 있습니다.

— 이런 일이 발생하면 스스로를 자책하기보다 112 또는 여성 긴급 전화 1366 등에 도움을 요청하세요.

— 사건에 대한 모든 책임은 가해자가 지는 것입니다.

디지털 시대의 잔인한 그림자

·······································

디지털 성폭력이 없는 사회를 만들기 위해
우리는 무엇을 해야 할까요?

아침에 일어나면 가장 먼저 무슨 일을 하시나요. 저는 일단 스마트
폰을 찾습니다. 메시지를 확인한 후 페이스북을 엽니다. 그다음 유튜
브에 들어가서 내가 좋아하는 인플루언서의 새로운 콘텐츠를 둘러
봅니다. 저 같은 분들이 많으리라 짐작합니다. 이제 SNS는 우리 삶
에서 떼려야 뗄 수 없는 요소가 됐으니까요. 전 국민의 93%가 SNS를
사용하고 있다고 하니 그 영향력이 엄청난 것은 자명한 일입니다.
우리는 사이버 공간에서 사랑하는 가족들과 대화를 나누기도 하고,
지인들과 약속을 잡기도 합니다. 해외에 있는 친구와 영상 통화를
하고 우리의 일상을 영상으로 공유하기도 하지요. 정보 통신 기술의
발달은 사람과 사람 사이의 관계에 지대한 영향을 미칩니다.

문제는 이러한 기술이 인간사의 폭력에도 영향을 미친다는 점

이에요. 최근 10대와 20대 범죄자들이 검거되며 범죄의 비열함과 잔인함이 만천하에 드러난 텔레그램 n번방 사건은 그 예 중에서도 매우 극단적인 예입니다. 이 사건은 2018년 하반기부터 2020년 3월까지 텔레그램 등의 메신저 앱을 이용하여 '알바 모집' 같은 글을 게시하는 방법으로 피해자들을 유인한 다음, 강요와 협박으로 성 착취물을 찍게 하고 이를 유포하여 경제적 이득을 취한 디지털 성범죄, 성 착취 사건입니다. 많은 사람들이 이 사건에 경악하며 관심을 가지고 보니, 같은 맥락의 범죄가 1999년 소라넷 사건으로부터 쭉 있어 왔다는 것을 알게 되었습니다. 120만 명의 가입자와 17년간의 운영으로 수많은 피해자가 있었음에도 관련자 처벌이 제대로 이루어지지 않은 결과 디지털이 대중화된 시대에 심지어 일반 학생들이 가해자가 되기에 이른 것입니다.

정보 통신 발달과 맥을 같이 하는 폭력은 처음에는 악플이나 온라인 공간에서의 왕따 같은 유형으로 시작되어 이제는 아동 청소년이나 여성을 대상으로 성 착취를 하는 데까지 이르고 있습니다. 여성가족부가 실시한 '2019년 성매매 실태 조사'에 따르면 아동 청소년 중 조건 만남을 경험한 성 착취 피해자의 87.2%가 사이버 공간을 통해 유입됐습니다. 온라인에서 발생하는 위협, 괴롭힘, 성적 폄하는 여성을 타깃으로 하는 경우가 95%에 달합니다. 주변에 이와 같은 범죄에 공분하는 사람이 많은데도 여전히 이런 일들이 벌어지는 것은 너무도 안타까운 일입니다. 이러한 세상에서 아이들을 키우는 부모나 선생님들은 얼마나 마음이 무거울까요.

왜 이런 일이 벌어지는 것일까요? 디지털 기술은 익명으로 사용할 수 있는데, 나쁜 행위를 익명으로 할 수 있다면 그 행위를 금지하는 힘은 필연적으로 약할 수밖에 없습니다. 게다가 어떤 사람에게 직접적, 물리적으로 가하는 행동이 아니라는 생각에 피해자가 그렇게까지 힘들어할 줄 모르는 상태가 되기도 합니다. 이런 까닭에 마치 장난처럼, 심지어는 집단적으로 온라인 범죄를 저지르고도 일상생활에서 자신은 그런 행동을 하지 않는 사람처럼 태연히 행동하고 살 수 있는 것이겠죠. 하지만 모두 알고 있듯 SNS에 올린 영상은 무한 복제가 가능하여 피해의 범위도 크고, 그 심각성도 매우 높습니다.

이런 범죄 행위 속에서 피해자가 입는 가장 큰 피해는 불안 피해입니다. 많은 여성 운동가들은 디지털 성폭력 피해자의 가장 큰 피해로 불안 피해를 꼽습니다. 누가 어디서 무엇을 촬영할지도 모른다는 불안감, 누군가 나의 영상을 착취물로 조작하여 유포할지 모른다는 두려움, 나의 영상을 유포하겠다는 협박 속에서 불안해하는 것이지요. 대부분의 피해자들은 감당할 수 없는 불안에 시달리게 되고, 일상에서의 불안은 피해자뿐만 아니라 그 누구도 참아내기 어려운 크나큰 고통입니다.

이러한 불안이 왜 가해자가 아니라 피해자의 몫이어야 하는 걸까요? 가해자는 떳떳하게 돌아다니고 오히려 피해자가 행동의 제약을 받는 것은 잘못되어도 한참 잘못된 일입니다. 디지털 성 착취 사건이 발생하면 피해자가 얼마나 도덕적이었는지, 조심성이 있었는지 따져 보는 사회적 시선은 불합리합니다. 피해자를 관찰하고 규제하는 것은 오히려 가해자에게 자유를 주는 행동이니까요. 디지털 성폭력은 기술 발달로 인해 확장되고, 그래서 가해자와 피해자가 집단으로 발생되는 등 나름의 특성이 있지만 문제 해결의 열쇠는 결국 우리의 생각, 우리의 행동에 있습니다.

텔레그램 n번방 사건과 같은 불행한 일이 발생하지 않으려면 우리 모두가 생각을 바꾸고, 그에 맞는 행동을 해야 합니다. 디지털 윤리 의식을 드높임과 동시에 성 인지 감수성을 높여 성평등한 존중 문화를 만드는 일은 물론 여성을 성적으로 대상화하거나 조롱하는 차별적 문화를 근절하려는 노력이 필요합니다. 성 착취 영상물은 보지도, 만들지도 말아야 하고, 누군가 그런걸 보고 있으면 꼭, 단호하게 불법이라고 말해 주세요.

핵심은 성 인지 감수성

2020년 들어 텔레그램 n번방 사건을 비롯해 사회적으로 이슈가 되는 성 관련 사건들이 많이 일어났습니다. 얼마 전 제가 진행한 라디오 인터뷰 내용을 통해 우리 사회의 성 인지 감수성 부재가 이러한 사건과 어떻게 연관되는지 간략하게나마 짚어 볼 수 있기를 바랍니다.

Q. 재직하고 계신 한국양성평등교육진흥원이 어떤 기관인가요?

A. 한국양성평등교육진흥원은 여성가족부 산하 기관으로 양성평등기본법에 근거하여 운영됩니다. 우리는 흔히 양성평등을 잘 알고 있다고 생각하지만 사실 그 이해가 다 다르고 어떻게 실천해야 하는지 어려워하는 경우도 많습니다. 특히 공무원들이 업무를 수행하는 과정에서 양성평등을 적용하기 어려워하는 경우가 많아 공무원을 대상으로 한 성 인지 교육을 주요 사업으로 삼고 있습니다. 다른 한 축으로는 여성과 아동에 대한 폭력을 예방하기 위해 전문가를 양성해서 현장을 지원하거나, 예방 교육 전문가를 양성하는 교육 진흥 사업을 하고 있죠.

Q. n번방과 관련한 이야기에 들어가기 전에 최근 이슈에 대한 질문을 드려 보겠습니다. 코로나 때문에 이루어진 무관중 축구 경기 관중석에 리얼돌(real doll)이 등장해 논란이 되었습니다. 어떻게 보시는지요?

A. 최근 한 축구단이 무관중 경기를 진행하면서 여성의 신체를 본뜬 리얼돌을 관중석에 앉혀 국제적 망신을 당했습니다. 해외 언론에서는 한국의 수준이 겨우 이 정도였느냐는 비판 기사를 실었습니다. 부끄러운 한

단면이지요. 리얼돌은 성매매를 대체할 수 있는 용도로 사용하고자 수입한 인체 실측 사이즈의 인형입니다. 대법원에서 2019년 6월 사실상 수입을 허용하는 판결을 내리자 이를 규탄하는 시위 및 청와대 국민 청원까지 있었습니다. 잘못된 판결이니까요. 리얼돌은 연예인, 지인, 심지어는 아동의 모습을 본뜬 모습으로 제작될 수 있어 2차 피해로 이어질 우려가 있습니다. 무엇보다 성범죄를 줄이기 위해 인형으로 성매매를 대체한다거나, 성적 욕망을 해결하지 못하면 강간 등의 범죄가 발생한다는 주장은 욕망을 빌미로 폭력을 정당화한다는 점에서 잘못된 것입니다. 인간의 모든 욕구는 타인의 권리를 침해하지 않는 범위에서 정당하고 합목적적으로 충족해야 하는 것입니다. 그런 맥락에서 논란에 휩싸인 리얼돌을 관중석에 앉힌 것은 우리 사회 성 인지 감수성 부재의 한 단면을 보여 준 것입니다.

Q. 그렇다면 성 인지 감수성이란 무엇입니까?

A. 성 인지 감수성이란 남자답게 혹은 여자답게 자라면서 생성된 고정관념을 민감하게 인지하는 능력을 말하는 것입니다. 이를 젠더 폭력 사건과 연결해서 생각해 볼까요? 남성은 성적인 주체이고 여성은 수동적 대상이라는 편견이 있는 가운데 성범죄 사건이 발생하면 남자는 남자다움을 발현한 것이지만 여자는 스스로를 방어하지 못했다는 피해자 책임 논리가 형성됩니다. 이것이 성별 고정관념이지요. 하지만 성 인지 감수성이 있다면 이러한 편견과 고정관념에서 벗어나 성범죄 역시 다른 범

죄처럼 범죄자의 행위를 편견 없는 관점으로 볼 수 있을 것입니다.

Q. n번방 사건과 같은 성범죄에 대한 처벌이 가볍다는 주장이 있는데 이런 경우에도 성 인지 감수성이 없다고 할 수 있는 것일까요?

A. 여성가족부가 발표한 2018년도 아동 청소년 대상 성범죄자 3,219명을 분석한 자료에 따르면 음란물을 제작·유통·소지한 성범죄자 42명 중 절반이 집행 유예 선고를 받았습니다. 유기징역을 받은 경우 평균 형량은 징역 2년 7개월이었고요. 반면 미국의 디지털 성범죄 사건 피의자인 마크 반웰(Mark P. Barnwell)의 경우 아동 음란물 제작·배포 혐의로 기소돼 지난해 연방 법원으로부터 징역 35년을 선고받았습니다. 허위 페이스북 프로필을 이용해 고수익 모델 일을 미끼로 성적인 사진을 요구하면서, 사진을 보내지 않으면 온라인으로 누드 사진을 게시하겠다고 43명의 피해자를 협박한 사건이었죠. 이런 예를 보면 한국 사회의 성 인지 감수성 부재는 성범죄에 대한 가벼운 처벌에 영향을 미친다고 할 수 있습니다.

Q. n번방 사건에 2차 가해가 발생하는 경우도 있는데 어떤 대처가 필요할까요?

A. 만일 누군가 절도 피해를 입었다면 그가 문단속이나 금품 보관을 제대로 못했다는 것을 문제 삼지는 않지요. 절도를 해서는 안 된다는 정의의 원칙을 전 국민이 내면화했기 때문에 우리나라의 치안 수준이 높은 것이고요. 그런데 유독 성범죄에서는 다른 모습을 보입니다. 피해자에게

책임을 물어요. 그것이 2차 가해입니다.

성폭력 범죄 자체에 못지않게 고통스러운 것이 2차 피해입니다. 고통스러운 피해가 세상에 알려지면서 가해자가 처벌받기보다는 오히려 피해자의 윤리나 태도를 문제 삼아 낙인을 찍기 때문이죠. 이와 같은 2차 가해 행위는 주변인, 경찰, 검사, 판사 모두 할 수 있습니다. 따라서 일반인을 비롯하여 경찰, 검사, 판사 등 관련자들을 대상으로 한 교육과 캠페인 등을 통해 성 인지 감수성을 높일 필요가 있습니다.

Q. n번방 영상을 보고 즐겼던 유료 회원에 대한 확실한 처벌도 필요하다는 주장이 나오는데, 이 역시 필요하다고 보시는 거죠?

A. 당연합니다. n번방 사건은 성 착취 영상물의 구매를 조장하는 세력과 이에 돈을 지불한 세력이 있고, 이를 위해 성 착취 대상자가 유인 협박되는 구조를 보여 주었습니다. n번방 등 불법 성 착취물 공유 대화방에 돈을 내고 입장했다면, 주동자들의 범죄를 방조한 것으로 보고 처벌이 가능할 것이라 보고 있습니다. 일각에서는 주동자 조주빈이 회원을 모집하며 '맞춤형 성 착취'가 가능하다고 홍보한 점, 참가자들이 실제로 조 씨에게 구체적인 성 착취물 제작 방향을 요청한 점을 들어 참가자 전원을 '종범(방조범)'이 아닌 '공동정범'으로 볼 수 있다는 주장도 제기되었습니다. 상당한 자금을 제공하고, 성 착취 영상물을 시청함으로써 조 씨의 제작 행위를 지지한 공범으로 보는 것이지요.

Q. 마지막으로 이태원 클럽발 코로나19 확산이 성 소수자에 대한 혐오로까지 번졌는데요. 이 문제에 대해서는 어떻게 보시나요?

A. 차이를 인정하고 이를 보완하며 평등하게 대한다는 게 평등의 핵심이죠. 그런데 성 소수자는 이를 인정하지 않으려는 입장이 너무나 커서 사회적으로 그 존재가 표면화되지 않았던 측면이 큽니다. 존재하나 존재하지 않는 모순이 이번 이태원 코로나 발생에서 드러난 것이지요. 질병관리본부에서는 그들을 차별하지 않겠다고 선언하고 검사했습니다. 저는 이것이 오히려 질병을 관리하는 데 효과적이었던 것을 반면교사로 삼아야 한다고 생각합니다.

세계적으로는 이미 차별 금지법이 만들어져 성 소수자에 대한 차별을 금하고 있습니다. 그렇다고 해서 갈등이 없는 것은 아니죠. 다만 성숙한 사회라면 이러한 갈등을 직면하여 대안을 만들어 가는 과정으로 나아가야 할 것입니다.

(TBN한국교통방송 〈시사하는 바가 크다. 배종찬입니다〉 2020.5.21 인터뷰를 재구성)

파는 사람이 있으니 산다는 변명

성매매는 돌봄이 필요한
사회적 약자의 성을 착취하는 인권 침해 행위입니다.

성매매에 관해 우리가 흔히 빠지는 인식의 오류는 누군가 성을 팔기 때문에 이에 유혹되어 성을 구매하게 된다는 것입니다. 그러니 성을 팔겠다는 사람이 도덕적인 문제가 있다고 생각하지요. 하지만 여기에는 자신의 이익을 위해 타인의 몸을 도구로 삼아 사람들의 구매욕을 부추기는 누군가가 빠져 있습니다. 최근 들어 성매매로 인해 희생당한 청소년 사건 기사가 보도되고 있습니다. 과연 이들이 처음부터 성매매를 하겠다고 작정한 걸까요?

2013년 칸 국제 광고제에서는 국제아동지원기구와 네덜란드의 광고 대행사가 제작한 '스위티(Sweetie)'라는 광고가 공공 부문 금상을 수상하였습니다. 이 광고는 컴퓨터 그래픽으로 가상의 소녀를 만들어 실제 성 구매를 유도한 과정을 보여줍니다. 빈곤 국가의 여아를 대상으로 한 온라인 성매매가 빈번하게 이루어지고, 심지어 6살 소녀들에게까지도 음란 행위를 하게 하는 일이 벌어지는데도 불구하고 별다른 경각심과 대책이 없는 국제 사회에 경종을 울리고자 기획된 것이었죠.

10세의 필리핀 여아의 모습을 한 사이버 소녀 스위티는 온라인에 접속해 인터넷으로 상대방의 몸을 서로 보여 주는 웹캠 성매매를 하였습니다. 일주일 동안 스위티에게 접근해 범죄를 저지른 사람은 자그마치 1천여 명이었습니다. 이 사실이 CNN을 통해 뉴스로 알려지고 명단까지 공개되었는데, 그중에는 한국인 남성도 있었지요. 한번 생각해 보세요. 과연 열 살짜리 여자아이의 웹캠 성매매를 자발적인 성매매로 볼 수 있을까요?

상식을 가진 사람들이라면 금전적인 이유로 성 착취를 당한 아이들을 보고 '자발적'으로 이 일을 하고 있다고 말할 수 없을 겁니다. 그들이 정당하게 일하고 공부할 수 있는 사회를 만들 생각은 못할망정 몇 푼의 돈으로 인권을 유린하고, 그 책임을 아이들의 잘못으로 돌리는 것은 치졸하고 추악합니다. 그 피해가 여아에게만 해당되는 것은 아닙니다. 빈곤을 이유로 자녀마저 성매매에 내모는 등 아동 성매매가 큰 사회적 문제로 부상한 캄보디아를 보면, 성매매 피해자의 절반은 남아라고 합니다. 성매매는 여성뿐만 아니라 빈곤한 사회 계층의 문제인 것입니다.

이 이야기는 우리와 관계없는 다른 나라의 이야기라고, 혹은 한

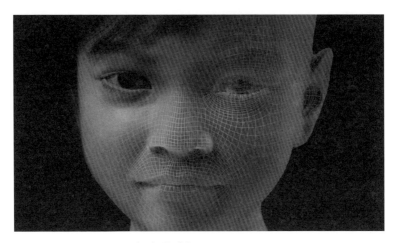

광고 '스위티' ©Terre des Hommes

광고제를 통해 알려진 특별히 실험적인 일화라고 생각할지도 모르
겠습니다. 하지만 부끄럽게도 우리 한국은 전 세계적으로 성매매 왕
국이라 불릴 만큼 악명이 높은 나라죠. 성매매 특별법 시행 이후 늘
어난 해외 원정 성매매 문제만 해도 그렇습니다. 갑자기 한국인 관
광객 수요가 높아진 라오스의 경우를 살펴볼까요? 몇 년 전부터 힐
링 관광지로 주목받은 라오스에서 한국인을 중심으로 한 성매매가
성행하고 있다는 보도를 접한 적이 있으실 겁니다. 성매매를 하는
리조트의 반 이상을 한국인이 채우는데, 중국이나 일본 관광객과 비
교해 봐도 단연 한국 관광객이 많다고 합니다. 이 같은 열풍에 성매
매 시장도 커지고, 10대가 성매매에 유입되는 규모 역시 커졌다는 보
도도 있었습니다. 미성년자를 대상으로 교육권을 빼앗는 것은 물론

인간으로서의 존엄성을 조금도 고려하지 않은 착취적 상행위를 하고 있는 것입니다. 너무 이른 나이에 성매매를 시작한 아이들은 공부할 기회도 잃고 성매매 이외에는 할 수 있는 일이 없는 사람으로 전락합니다. 성매매를 심각한 범죄로 여기지 않으며 '성 쇼핑'을 관광의 옵션 정도로 생각하는 우리의 잘못된 인식이 동남아의 아동을 성 도구로 전락시키는 데 일조한 것입니다.

성매매는 불법으로, 이로 인해 처벌받는 사람이 있기는 하지만 그 실효성을 의심받을 만큼 일부만이 적발됩니다. 적발된 사람들은 재수가 없어서 걸렸다고 생각하고, 대부분 교육 프로그램 이수 조건으로 기소유예 처분을 받죠. 반면 미국과 호주 등은 해외 아동 성매매를 적발하기 위해 경찰을 파견하고, 미국 몬태나주는 10~15세의 아동 성매매 적발 시 25~100년을 구형합니다.

성을 파는 사람이 있기 때문에 성을 샀다고 말할 수 있을까요? 아닙니다. 성 구매를 원하는 자, 성 구매를 부추기는 자가 성매매 문제의 열쇠를 쥐고 있습니다. 성매매는 쉽게 돈을 벌고 싶어 하는 허영심 때문에 자발적으로 하는 그런 단순한 종류의 일이 아닙니다. 성매매는 돌봄이 필요한 사회적 약자의 성을 착취하는 인권 침해 행위로서, 이를 주도하는 사람들에 의해 확장되는 것입니다.

비겁한 가르침

왜 그때 그렇게 하지 않았냐고
묻는 사람들에게 전하고 싶은 말

오랜만에 친구를 만나기 위해 지하철을 탔습니다. 지하철은 적당히 붐비고 있었어요. 나도 한편에 자리를 잡고 앉았습니다. 제 옆에는 귀여운 꼬마가 엄마를 마주 보고 앉아 있었어요. 엄마는 아이가 사랑스러워 어쩔 줄 모르겠다는 표정으로 아이 앞에 서 있었습니다. 아이의 다른 한쪽에는 나이 지긋한 할아버지가 앉아 계셨어요.

그런데 갑자기 할아버지가 아이의 손을 만지면서 "귀엽다, 귀엽다." 하셨습니다. "몇 살이니?", "유치원은 다니니?" 등 이렇게 저렇게 아이에게 말을 걸었습니다. 아이는 매우 당황하며 불편한 듯했습니다. 흘깃 올려다 본 엄마의 표정도 어쩔 줄 모르는 듯 불편해 보였지요. 그 상황에 제3자로 그저 앉아 있기만 한 나의 마음도 불편했습니다.

모르는 사람과의 신체적 접촉은 누구에게나 불편한 것인데 할

아버지는 무슨 특권이 있는지 아무런 망설임이 없어 보였습니다. 인지력이 약한 아이들에게는 잘 모르는 사람이 접근하는 것이 위험하다는 것을 알려 줄 필요가 있습니다. 그렇기 때문에 어른들은 아이들이 사랑스러울수록 그저 지켜봐 주어야 해요. 그래야 아이들이 악의적인 접촉을 빨리 알아낼 수 있으니까요.

몇 정거장 후에 할아버지는 지하철에서 내렸습니다. 아이의 엄마는 옆자리에 앉아 아이의 손을 휴지로 닦아 주었어요. "할아버지가 너 만지는 거 좋았어? 싫으면 싫다고 말을 했어야지. 누가 너한테 싫은 행동을 하면 싫다고 말해도 되는 거야."라고 말하면서요. 엄마는 아이가 불편한 걸 알면서도 아무 말도 못 하고 지켜보기만 했습니다. 그랬으면서도 어떻게 아이에게 그토록 불편한 말을 하라고 가르칠 수 있을까요? 솔직히 말해서 그 아이는 그 상황이 싫은 건지 불편한 건지 그 마음도 잘 모르는 것 같았습니다.

잠시 후 아이와 엄마도 지하철에서 내렸습니다. 그 자리에서 제가 할 수 있었던 것은 무엇이었을까요. 이야기를 나누고 싶었지만 서로 전혀 모르는 사이에서 짧게 나누는 대화로 제대로 소통되기 어렵겠다 싶어 침묵한 게 못내 후회스러웠습니다.

보다 성숙한 사회가 되기 위해서는 사람과 사람 사이의 적당한 거리, 스스로가 가지고 있는 권한과 힘이 어떤 영향을 미치는지에 대한 인지가 필요한 것이겠지요. 경험이 많은 어른이 아이가 불편하지 않도록 먼저 배려해야 하듯, 사회적 자원이 많은 사람은 그렇지 않은 사람들의 불편을 미리 예측하고 편의를 봐 주어야 할 것입니다. 그러지 않고 약자에게 그때 왜 그렇게 하지 않았냐는 말을 하는 것은 비겁한 가르침인 것이겠죠?

펜스 룰? 팬츠 룰!

아동이 성폭력에서 안전해지기 위해 공룡이 나섰어요. 무슨 소리냐고요?
영국아동학대예방기구(NSPCC)에서는 '팬츠 룰(PANTS rules)' 캠페인을
벌이고 있습니다. '펜스 룰' 말고 '팬츠 룰'이요.

NSPCC는 아이들에게 친근하고 쉽게 성폭력 예방과 대처 방법을 교육하
기 위해 공룡 캐릭터를 활용한 뮤직비디오와 모바일 게임을 만들어 배포
하였습니다. 특히 뮤직비디오 'Talk Pants with Pantosaurus and his
PANTS song'을 보면 색색의 공룡들이 흥겹게 노래하고 춤추며 아이
들에게 'PANTS'로 요약되는 5가지의 행동 지침을 전합니다. 사적인 것
은 사적인 것이며(Priviates are private), 네 몸은 너의 것임을 항상 기억해
야 하고(Always remember your body belongs to you), 싫다면 싫다는 것
이며(No means no), 기분이 상한 비밀이 있다면 말해야 하고(Talk about

뮤직비디오 'Talk PANTS with Pantosaurus and his PANTS song'
ⓒNSPCC의 유튜브 영상 캡처

secrets that upset you), 말하면 누군가 도울 수 있다(Speak up, someone can help)는 것이 바로 그것입니다.

폭력에 취약할 수밖에 없는 아이들에게 어른의 역할은 절대적으로 중요합니다. 아이의 평소 행동에 주의를 기울이고, 누구와 만나고 어떤 놀이를 하는지 자세히 알아보아야 해요. 대화 중에 평소 모르던 사람이 등장한다거나 어떤 말이나 행동을 하며 우물쭈물하고 두려워하는 모습을 보인다면 자연스럽게 대화를 이어가며 무슨 일이 있었는지 확인해야 합니다. 이상한 낌새를 눈치챈 어른이 당황하면 아이들은 입을 다물거나 사실을 바꿔 말할 수도 있습니다. 어떤 상황에서도 아이의 신뢰를 받을 수 있는 어른으로서 아이의 말을 경청하고 도움을 줄 준비가 되어 있어야 할 것입니다.

(참고: 여성신문,2018.9.5.)

침묵은 동의가 아니다

....

적극적으로, 의식 자각 상태에서,
자발적으로 동의해야 진짜 동의한 것입니다.

사람들은 가끔 할 필요도 없고 하고 싶지도 않은 일을 합니다. 거절이 어렵기 때문이지요. 까마득한 어르신, 나를 평가하는 상관, 가까운 친구, 심지어는 싫어하는 사람의 부탁조차 거절하기 어려워하는 사람이 얼마나 많은지요. 어떤 순간에 본인이 원하지 않는 일이 발생하더라도 정확히 거절 의사를 밝히는 것은 쉽지 않습니다. 그러나 상대방이 거절 표현을 하지 않았다는 이유로 원하지 않는 행위를 요구한 사람이 정당하다고 할 수는 없습니다. 더구나 권력의 우위 관계에 있거나 인간애로 포장된 애매한 관계 지형에 놓여 있다면 '아니다, 싫다.'라고 말하기는 더욱 어려운 법이니까요.

재계약을 원하는 계약직 직원의 마음을 생각해 볼까요? 자신의 재계약에 영향력을 가진 사람이 오늘 함께 야근할 수 있느냐고 묻는다면 아마도 그 사람은 야근을 할 것입니다. 약속이 있거나 몸이 불편하기라도 하면 죽을 맛일 게 분명하지만 어쩌면 희미한 웃음을 날리면서 거절의 의사를 최대한 희석시키려 할지도 모르지요. 그런 점에서 침묵이 동의가 아닌 것은 확실합니다.

그런데 피해자가 거절 의사를 밝힘, 혹은 그것을 넘어서 적극적인 저항을 했는지가 매우 중요한 판단의 기준이 되는 범죄가 있습니다. 바로 강간, 강제 추행, 성희롱 등의 성범죄입니다. 그때 당신이 거절하지 않았으니 동의한 것 아니냐? 당신이 목숨을 걸고 저항하지 않았으니 당신도 즐긴 것이 아닌가? 이런 한가로운 질문을 범죄의 고통에서 헤어 나오지 못하는 피해자에게 하는 것입니다.

그뿐 아닙니다. 잘못된 인식의 습관은 가해자에게도 나타납니다.

"같이 밤늦게까지 술을 마시자고 한 것은 이미 동의 아닌가요?"

"그 여자가 밤에 혼자 있는 집에 들어가 차를 마시자고 했다니까요?"

많은 성범죄자들이 이렇게 말합니다. 물론 사랑을 위해 밤에 술을 마신 사람도 있을 것이고, 사랑하는 마음으로 빈집으로 초대한 사람도 없지는 않을 겁니다. 그러나 그저 술만 마시고 싶었다거나, 빈집에서 오붓하게 차를 마시며 훈훈한 인간애를 나누고 싶다고 했으면 어림짐작으로 앞서 나갈 게 아니라 그 말 그대로를 받아들여야 하는 것입니다.

이 같은 맥락에서 2014년 미국 캘리포니아주 주지사는 대학 캠퍼스 내에서 일어난 성폭행 사건 수사 시 "확실한 '예스'가 있을 때만 성관계를 허락한 것으로 간주한다."는 'yes means yes' 법안에 서명했어요. 이로써 수사 당국은 피해자들 입장에 서서 가해자들에게 보다 분명하고 엄격한 원칙을 적용하게 되었습니다. 사건이 발생할 경우 성폭행 혐의자는 상대방의 '적극적인, 의식 자각 상태에서 한, 자발적인 동의'가 있었음을 입증해야 합니다. 저항하지 않았다는 것, 침묵하였다는 것을 허락으로 인정하지 않아요. 명백한 '동의'를 입증할 수 없다면 성폭행 혐의를 받게 되는 것입니다.

이러한 법안은 분명한 장점이 있습니다. 우선 성폭력 피해자가 스스로 피해를 입증하고자 애써야 하는 고통스런 2차 피해에 노출되지 않을 것입니다. 그뿐인가요. 솔직하고 명확한 소통이 필수적이어야 하는 만큼 권위를 내세우거나 허세를 부리지 않고 평등하게 서로를 존중하는 연인 관계가 더 보편화될 것입니다. 그렇게 된다면 마음과 마음이 조응하는 인간관계의 웅대한 기쁨을 맛보는 사람이 더 많아지지 않을까요?

강요된 피해자다움

피해자를 바라보는 우리의 시선이
피해자에게 더 큰 상처를 남길지도 모릅니다.

몇 년 전, 해외에서 한 여성의 개인 SNS 계정이 해킹되어 본인만 소
장하려고 찍어 둔 노출이 심한 사진이 유포된 사건이 있었습니다.
이 여성은 해병대 입대를 앞두고 있었는데, 그 사진이 해병대에도
유출되었죠. 하지만 피해자는 해킹당한 것은 내 잘못이 아니니 당당
히 입대하겠다고 했습니다. 잘 생각해 보면 당연한 일임에도 피해자
의 이런 행동이 놀랍게 받아들여지는 것은 피해자는 움츠러들어 있
어야 한다는 고정관념이 있기 때문 아닐까요?

이젠 아이들이 어느 정도 자라서 한시름 놨지만 학교 폭력, 왕
따 문화가 아동 청소년의 큰 문제로 대두돼 우리 애들이 피해자 혹
은 가해자가 될까 두려웠던 적이 있습니다. 그래서 "힘든 일 있으면
엄마한테 꼭 말해. 무슨 일이 있어도 폭력은 안 돼. 왕따를 시켜도 안

돼."라고 말하곤 했습니다. 그런데 어느 날 아이들로부터 뜻밖의 말을 들었어요. "왕따 당하는 애들은 뭔가 이상해. 바보 같거나 너무 잘난 척하거나."

예상 밖의 말에 조금은 당황했지만 편견이 많은 사회에서라면 그렇게 생각할 수도 있겠다는 생각이 들었습니다. "바보 같은 게 뭐니? 사람이 조금 더 잘할 수도 있고 아닐 수도 있는데 그런 걸로 따돌리면 따돌리는 사람이 나쁜 거야." 그렇습니다. 모든 폭력은 가해자가 나쁜 것이지요.

학교나 가정에서 누군가 심한 폭력을 당하고 있다면 피해자를 폭력으로부터 보호할 생각을 하여야 합니다. 그러나 "오죽하면 때렸을까. 맞을 짓을 했겠지"라고 말하는 사람들이 있습니다. 세상에 맞을 짓이란 없어요. 잘못된 행동을 하면 잘못된 행동을 바꾸기 위한 훈육을 받을 수는 있겠지요. 그런데 그 훈육이 상대방의 인격을 모독하고 신체를 학대하는 폭력이 될 수는 없습니다.

우리 사회에 흔한 피해자 유발론에 의하면 피해자는 피해를 당할 만한 원인 제공자입니다. 피해자는 비합리적이거나 우울하거나 그 어떤 결함으로 인해 상대방을 화나게 했을 것이고, 또 피해자가 부족하여 피해를 못 벗어났을 것이라고 생각합니다. 특히 상대방의 성적 권리를 침해한 범죄일 경우 그 정도가 심해집니다. 성폭력 피해자는 성적으로 문란하거나 행동이 방정하지 못했을 것이라고 생각합니다. 당연히 잘못된 생각입니다. 만일 피해자에게 그런 특성이 있었다고 하더라도 그걸 이유로 상대방의 인격과 권리를 침해해서는 안 되는 것입니다. 성폭력 피해를 당하면 심한 우울감과 수치심이 들 테니 자신의 피해를 적극적으로 주장할 수 없을 거라는 고정관념도 있습니다. 이런 왜곡된 시선 끝에 자신의 피해 사실을 알리거나 피해 물증을 찾으려는 피해자는 순수한 피해자가 아니라고 의심하기도 합니다. 이것이 소위 성폭력 피해자에 대한 경험칙, 강요된 피해자다움입니다. 그러니 피해자는 이러지도 저러지도 못합니다. 가해자는 피해자가 쉽게 고소하지 못할 것이라고 생각하고요. 가해자가 당당해지고 피해자가 숨어드는 현실은 바로 이런 고정관념 때문입니다.

성폭력 피해자는 피해자이기 이전에 누구였을까요. 다른 보통의 사람들과 마찬가지로 자신의 현재와 미래를 고민하며 일상을 살고, 다양한 관계 속에서 역할을 수행해 온 평범한 사람이었을 것입니다. 평범한 사람으로서의 저는 대한민국의 국민이자 한국양성평등교육진흥원의 교수이고, 사적으로는 한 사람의 배우자이자 두 아이의 어머니입니다. 또 누군가의 친구이며, 회사 동료이고, 섬 여행 동아리의 회원이기도 합니다. 이 모든 역할을 통해 나 자신을 구성하는 것입니다. 모두 마찬가지입니다. 누구나 학생이고 친구이며, 누군가의 자녀 혹은 작가이면서 애인이기도 할 겁니다. 매일매일 돈을 벌어 누군가를 부양해야 하는 가장일 수도 있겠지요.

그런데 그 사람이 피해자가 되었다고 해서 단지 성폭력 피해자로만 살아가야 하는 걸까요? 이전의 모든 관계와 경험, 책임과 의무, 권리와 권한이 사라지고 오로지 성폭력 피해자로만 살아야 한다는 생각은 지나치게 부당합니다. 삶은 그토록 단순하지도 손쉽지도 않습니다. 어떤 어려움에도 불구하고 자신의 존엄함과 사회적 책임을 위해 노력해야 하는 또 다른 자신이 존재합니다. 피해자에게 오로지 피해자로서의 정체성만을 강요한다는 것, 그것도 매우 수동적이고 왜곡된 모습의 통념만을 적용한다는 것은 피해자를 통제하는 결과를 가져올 뿐입니다. 피해자는 피해자일 뿐입니다. 그가 원래 적극적인 사람이었다면 적극적으로 사건을 규명하도록 하는 게 맞겠지요. 잘못된 사람, 불행한 사람이라는 거짓 통념을 씌워 괴롭히지 않는 사회가 되어야 합니다.

스스로 깨닫지 못한 채 가지고 있는 피해자에 대한 고정관념이 없는지 점검해 봅시다. 만약 누군가가 폭력의 피해 때문에 고통받는다는 것을 안다면 피해자에게 무슨 잘못이 있을까 생각하지 말고 그를 도와야 합니다. 이러한 의식의 발전이 법과 제도, 사회 문화의 변화로 이어져야만 우리 사회는 더욱 안전해질 것입니다.

여성에 대한 폭력을 바라보는 시선

여성에 대한 폭력을 부추기는
우리 사회의 왜곡된 통념들에 관하여

뉴스를 보면 여성이 심각한 범죄로 피해를 입은 사건들이 자주 보도됩니다. 사실 여성을 대상으로 폭력을 행사해 온 역사는 오래되었습니다. 그럼에도 오랜 시간 개인 간의 폭력은 그저 개인적인 문제로 여겨졌지요. 그러나 이제 여성에 대한 폭력은 성차별의 최종적인 결과라는 시각이 시대의 조류가 되었습니다. 성별 고정관념이 작동하는 사회에서 여성은 육체적·경제적으로 취약한 상태에 있고, 그래서 문화적으로도 더 취약하게 된 결과 여성이 더 많은 폭력의 피해를 본다는 것입니다. 여성을 대상으로 한 범죄가 빈번하게 발생한다는 것은 곧 그 사회가 건강하지 않은 성별 고정관념에 사로잡혀 있음을 의미합니다. 단지 피해자가 조심하면 될 문제로 취급될 수 없는 사회적 문제인 것이죠.

성차별을 바탕으로 발생하는 여성에 대한 폭력은 신체적·정신적·성적 폭력이나 사회·경제적 박탈감 혹은 무관심까지 그 종류도 다양합니다. 전 지구적 차원에서는 성 착취, 여아 낙태, 여아 살해, 조혼, 성기 절단, 처녀막 검사, 지참금 살인, 명예 살인, 군 위안부, 전쟁 무기로서의 강간, 동성 간 성폭력, 성 소수자에 대한 차별 등이 있습니다. 가까이 우리 한국 사회를 살펴볼까요? 연일 일어나는 미투, 직장 내 성희롱, 청소년 성매매, 가정 폭력, 데이트 폭력 등은 대부분 여성을 대상으로 한 폭력입니다.

　이처럼 악질적인 폭력은 왜 사라지지 않고 반복되는 것일까요? 그것은 여성에 대한 폭력을 여러 가지 왜곡된 통념으로 바라보기 때문입니다. 우리가 간과해 온 왜곡된 통념들을 하나하나 짚어 볼게요.
　첫째, 여성에 대한 폭력은 사소한 폭력이라고 생각합니다. 성희롱의 피해자보다 회사의 명망이, 가정 폭력 피해자보다 가정을 유지하는 것이 더 중요하다고 생각합니다. 성매매를 하게 된 청소년의 피해 실태가 알려져도 이를 중심으로 돌아가는 지역의 경제적 이익이 더 중요하게 취급됩니다. 사정이 이렇다 보니 가정 폭력은 전체 범죄 발생 건수에 비해 신고되는 수가 매우 적고, 그중 기소되는 경우는 훨씬 더 적으며, 기소된 사람이 구속되는 경우는 희박한 수준입니다. 지속적이고 광범위하며 일생을 좌우하는 폭력이 발견되어도 통념적으로 사소하다고 생각한 결과겠죠. 일상적으로 발생하는 이런 폭력에 대한 잘못된 통념은 '성적인 농담, 가벼운 접촉은 오히려 직장 생활의 활력소가 된다.', '어느 가족이건 폭력은 있다.'라는 생각 등으로도 존재합니다.

둘째, 피해자가 폭력을 유발한 책임이 있고, 그래서 입은 피해는 피해자가 어느 정도 감수해야 한다는 통념입니다. 성희롱이나 성폭력 사건을 다룰 때 피해자의 옷차림이나 태도, 음주 여부나 이동 시간 등을 따지는 것은 사건의 책임이 피해자에게도 있다는 통념에서 비롯된 것입니다. 최근 몇몇 미투 사건의 판결에서 보듯 많은 사람들이 아직도 가해자의 행위보다 피해자가 어떻게 행동했는지를 따져 잘잘못을 가리려는 모습을 보입니다. 가정 폭력의 가해자는 피해자가 맞을 짓을 했다고 생각합니다. 그러나 범죄를 규명할 때 피해자의 행위나 특성에 관심을 가지는 것은 사건의 본질을 흐리는 행위입니다. 개인의 법익에 따른 범죄들, 예를 들어 살인, 상해, 폭행, 유괴, 강간, 명예 훼손, 주거 침입, 절도, 강도, 사기, 횡령 등의 범죄 피해자에게 어떤 책임이 있는지를 묻는 경우는 없습니다. 그런데도 유독 성폭력에 대해서만 '상대방이 이해할 수 있을 정도로 충분히 거절 의사를 표시하지 않았다.'거나 '성폭력을 방지하려면 개인이 조심해야 한다.'라며 피해자에게 책임을 돌리는 것은 이러한 통념에서 비롯됩니다.

셋째는 피해자에 대한 고정관념입니다. 피해자는 순결을 지키기 위해 저항해야 하며, 피해를 당하고 나면 우울해야 한다는 편견은 오히려 피해자의 행동을 제약합니다. 피해자는 피해자일 뿐입니다. 그런데 피해자가 사건 이후에 왜 태연하게 행동하였는지 따집니다. 피해자가 폭력의 증거를 채집할 경우에는 다른 저의가 있는 것이 아닌가, 꽃뱀이 아닌가 의심하기도 합니다. 이러한 통념이 사건 그 자체보다도 피해자에게 더 큰 고통을 줄 수 있으며 이것을 2차 가해라고 합니다.

넷째, 만일 누군가 성과 관련한 문제로 가해자가 불편하게 된다면 그것은 가해자가 운이 없거나 동정받아야 할 일이라고 생각합니다. '어쩌다 한번 저지른 실수'라며, 가장으로 살아가야 할 남성의 미래가 잘못될까 염려합니다. 피해자가 안고 살아야 할 고통은 외면되고, 때로 피해자가 가해자의 미래를 망친 사람으로 취급되기까지 합니다. '하필 이상한 여자를 만난 것이다.', '가족을 통솔하는 과정에서 어쩔 수 없었던 행동이다.'라고 가해자를 변명해 주는 말이 그래서 만들어지는 것이지요.

다섯째, 남성은 성욕을 통제하지 못하므로 남성의 성적 욕구를 충족하기 위한 행동은 당연하다는 통념이 있습니다. '성폭력은 어쩔 수 없는 남성의 성충동 때문에 일어난다.', '성매매가 없어지면 성폭력이 늘어난다.'는 등의 주장은 이러한 통념을 보여 줍니다. 이에 근거하여 상대방을 성적으로 착취하거나 학대하는 행위가 정당화됩니다. 모든 인간은 다양한 욕망을 가지고 있으며 이를 적정히 관리하는 것이 사회화입니다. 그런데 왜 성충동, 그것도 남성의 성충동만 무한 허용되어야 하는 것일까요? 생리적 욕구나 안전함에 대한 욕구, 부와 명예에 대한 세속적 욕구 등의 다양한 개인적 욕구가 타인의 권리를 침해하면서까지 충족되도록 허용되지 않는 것처럼 성에 대한 욕구도 사회적으로 용인되는 범위에서 이루어져야 마땅한 것입니다.

　이처럼 통념이 왜곡되어 있다면 폭력의 통제 능력은 약화될 수밖에 없습니다. 왜곡된 통념을 벗어나 여성에 대한 폭력을 폭력 그 자체로 보는 사회에서 피해자는 보호받고, 가해는 재발하지 않겠지요. 성 인지 감수성, 인권 감수성, 폭력 민감성을 키워야 하는 이유가 여기 있습니다.

사랑하기 때문이라고요?

....

데이트 폭력, 가정 폭력, 이별 폭력은 친밀한 관계라는
허울 뒤에서 벌이는 가장 치졸한 가해 행위입니다.

"너를 너무 사랑해. 사랑해서 그런 거야."

데이트 폭력 가해자들은 이렇게 말합니다. 사랑을 이유로 의심
받고 통제받으며 폭력에 시달린다면 사람들은 왜 사랑을 하는 걸까
요? 왜 사랑 때문이라고 하면서 너무 많은 것을 용서받기 바라고, 또
너무 많은 것을 용서하는 걸까요? 심지어 아름다운 사랑 이야기라
고 미화하면서요.

아마 사랑은 특수하고 특별한 가치를 주는 것으로, 운명적인 것
이기 때문에 이 관계는 축복받아야 한다는 거짓된 신념 때문일 것입
니다. 하지만 사랑은 신비로운 운명의 힘이라기보다 오히려 서로 노
력을 통해 쌓아 올리는 신뢰와 존중의 직조물입니다. 물론 이 과정
에서 생기는 갈등과 고통도 사랑의 직조물에 포함되겠지요.

그러나 구속하고 통제하는 것까지 감수해야 하는 건 아닙니다. 가해자들은 자신의 잘못된 행동이 폭력을 저지하지 못할 만큼 열정적인 사랑 때문이라고 말합니다. 그러나 사실은 상대방을 제멋대로 휘두르고 싶은 것에 불과해요. 사랑의 헛된 낭만주의의 늪에 빠진 사람은 심지어 폭력적인 상대방의 마음에 들기 위해 그가 원하는 모습이 되고자 시도합니다. 보다 더 그 사람에게 집중하고, 그의 요구에 따르며, 그 사람이 원하는 외모와 행동 패턴을 갖고자 노력하는 거예요. 그러나 결국 원하는 목적에는 도달할 수 없습니다. 왜냐하면 상대방은 계속 다른 이유를 대며 폭력으로 통제하려 들기 때문입니다. 머리를 묶으면 묶어서, 자르면 잘라서, 웃으면 웃어서, 웃지 않으면 웃지 않아서 소리를 지릅니다. 그 무엇이든 문제 삼을 수 있지요.

더는 견디지 못한 피해자가 관계를 끊으려고 하면 대부분 '다시는 그러지 않겠다.', '너무 사랑해서 그랬다.'라는 말로 사과합니다. 피해자는 자신이 조금 더 노력하면 폭력이 멈출 것이라 생각하고 그 관계를 유지합니다. 이런 생활이 반복되면 가해자는 상대방을 통제하는 것이 오히려 권리라고 생각하게 되고, 피해자는 주변 사람으로부터 이해받을 수 없는 사람이 되고 마는 거죠.

반복적인 사과와 사랑 고백, 수용에도 불구하고 상황이 좋아지지 않아 결국 이별을 고하면 어떤 일이 벌어질까요? '좋아서 연애할 때는 언제고 이제 와서 헤어지자고 하면 안 때릴 남자가 어디 있겠나.', '이별 통보도 요령껏 해야 한다.'는 등의 말로 억지를 부리며 또

폭력적인 행동을 합니다. 욕설, 비하 발언 등으로 언어적, 정서적 폭력을 행사하거나 신체를 학대하는 물리적 폭력을 저지르죠. 헤어지면 죽어 버리겠다고 위협하기도 하고, 둘 사이에 있었던 사랑의 관계를 다른 사람에게 알리겠다고 협박하기도 하며, 가족이나 친구를 죽여 버리겠다고 공포심을 주기도 합니다. 아주 흔한 패턴입니다. 실제로 이별 범죄를 저지르기도 하고요.

어떻게 사랑한다면서 이런 행동을 하는 것이 가능할까요? 사랑을 둘러싼 잘못된 생각들 때문입니다. 사랑의 이야기는 무한한 희생과 헌신, 봉사로써 아름다운 열매를 맺는 낭만적 이야기들로 가득 차 있어요. 여기에 이제는 사라진 것처럼 보였던 '현모양처 이데올로기'까지 가세하여 피해를 당하는 사람이 '그럼에도 불구하고 그 사랑은 행복하게 되었더라.'는 이야기를 만들고자 노력하게 합니다. 자신이 폭력의 피해자라는 것을 부끄러워하게 만들죠. 용기를 내 폭력의 피해자임을 노출하면 사람들은 사랑하는 사이에 흔히 있을 수 있는 사랑싸움이라고 생각합니다. '네가 조금만 더 참아 봐.', '네가 조금만 더 그 입장이 되어 봐.'라는 조언을 건네면서요.

사랑도 엄밀히 자기 자신을 위해서 하는 것입니다. 통제받은 상황에서 희생 봉사하는 것은 사랑이 아니죠. 상대방을 강압적으로 소유하고, 통제하려는 욕망을 사랑으로 포장하는 것은 비겁한 행동입니다. 사랑하는 사람 사이에 일어나는 폭력을 감지하였다면 그것은 사랑을 빌미로 한 착취와 폭력임을 알려 주고 도와줘야 합니다.

사랑은 사람과 사람이 서로를 알아 가는 과정이므로 갈등이 생기는 게 당연합니다. 사랑하는 사람들 사이에 갈등을 감추려 하지 마세요. 단, 갈등을 누군가 폭력적 태도로 해결하려 한다면 그건 더 이상 사랑의 모습이 아닙니다. 데이트 폭력, 가정 폭력, 이별 폭력은 사랑 때문에 발생하는 신비로운 광적 현상이 아니라 친밀한 관계라는 허울 뒤에서 벌이는 가장 비겁하고 치졸한 가해 행위임을 알아야 합니다. 모두가 자신이 맺고 있는 사랑을 되돌아보고 이상적인 사랑의 관계를 맺기 위해 무엇을 해야 할지 점검해 보면 좋겠습니다.

사랑이 아닌 범죄, 데이트 폭력

데이트 폭력은 신체적·성적인 폭력뿐만 아니라 감정적·언어적 폭력, 행동 통제, 디지털 폭력, 스토킹 등을 포함합니다. 아래의 사항 중 하나라도 해당된다면 위험 신호일 수 있습니다.

<데이트 폭력 체크 리스트>

☐ SNS / 스마트폰을 수시로 검사한다.

☐ 평소 욕설과 폭언을 자주 한다. 성적인 욕설을 한다.

☐ 다른 사람을 만나지 못하게 한다.

☐ 연락 횟수가 잦으며, 바로 답장이 안 오거나 연락이 안 되면 화를 낸다.

☐ 질투심과 소유욕이 매우 크다.

☐ 옷차림을 통제하려고 한다.

☐ 싸울 때 화가 나면 물건을 던지거나 폭력을 쓴다.

☐ 폭력적 행위를 하고 다시는 하지 않겠다고 말하지만 반복한다.

☐ 헤어지면 죽어버린다고 말한다.

<데이트 폭력 대처법>

— 상대방이 용서를 구한다고 하더라도 쉽게 받아들이지 말고 단호하게 대처해야 합니다.

— 가해자와 만남을 가져야 한다면 단독 대면은 절대 피해야 합니다.

— 폭력 사실을 반드시 주위에 알리고 도움을 요청해야 합니다. 특히 가까운 지인이나 가족들에게는 피해에 관한 사실을 최대한 자세하게 알리고, 그만큼 위험하다는 사실을 인식시켜 주세요.

— 폭행의 증거물을 최대한 모아야 합니다. 폭력이 발생한 시점을 기록하고, 폭행 부위 사진, 음성 녹음, 주고받은 메시지 내용, 병원 진료 기록 등을 남겨 둡니다.

— 112 또는 여성 긴급 전화 1366, '목격자를 찾습니다' APP으로 신고하여 전문적인 도움을 받습니다.

(참고: 여성가족부, 스마트 서울경찰 블로그)

우리가 듣지 못하는 소리

....

폭력에 시달리는 사람들의 소리에 귀를 기울이세요.
그리고 행동하세요.

몇 년 전 「너의 목소리가 들려」라는 드라마가 선풍적인 인기를 끌었지요. 다른 사람의 마음 속 목소리를 듣는 초능력을 지닌 소년과 속물스러운 변호사가 등장하는 법정물 드라마였는데요. 그 드라마에서 가정 폭력과 관련된 주목할 만한 장면이 나왔습니다. 지속적인 가정 폭력에 시달리다 남편을 살해한 여성을 주인공 변호사가 변론하는 장면이 그것입니다.

가정 폭력에 대한 이해가 없는 검사는 피고를 압박하며 남편을 살해하기보다 주위의 도움을 받는 것이 훨씬 쉬웠을 텐데 그러지 않고 남편을 죽인 것은 잘못이라고 주장합니다. 하지만 피고의 고통과 억울함을 알고 있었던 변호사는 반전을 이끌기 위해 소음과 관련한 특별한 실험을 보여 줍니다. 먼저 드럼 소리가 시끄럽게 울리는 음악을 틀어서 얼마 만에 사람들이 소음으로 찾아오는지 살펴봅니다.

얼마 지나지 않아 사람들이 나타나서 음악 소리를 줄이라고 말합니다. 다음으로는 부부 싸움 소리를 녹음하여 크게 틉니다. 비명 소리, 물건 던지는 소리가 무섭게 들립니다. 놀랍게도 그 소리에는 아무도 찾아오지 않습니다.

변호사는 피해자가 도움을 요청했지만 아무도 귀 기울여 주지 않았고 그런 상황이라면 합리적 저항이라는 것이 원초적으로 불가능하다는 것을 주장합니다. 변호사의 주장은 공감을 불러일으켰고 재판장을 숙연하게 했습니다.

그 장면을 보며 제가 직접 겪었던 몇 년 전의 부끄러운 기억이 떠올랐습니다. 우연히 지나던 아파트 근처 밤거리에서 누군가는 때리고 누군가는 우는 소리를 들었습니다. 아이의 절박한 심정이 소리에 가득 담겨 있었고, 그 아이에게 윽박지르는 목소리는 너무 무서웠습니다. 저는 아무 일도 못 하고 그저 서둘러 갈 길을 갈 수밖에 없었습니다. 그들의 목소리를 들었으되 무섭다는 이유로 듣지 못한 것처럼 행동한 것입니다.

그로부터 몇 년이 지난 오늘날, 같은 상황이라면 이번에는 꼭 전화기를 들고 112에 신고를 할 것입니다. 소리가 들리는 곳의 위치를 알려 주고 출동 여부를 확인할 것입니다. 그래야 가정이라는 공간 안에서 폭력이 멈출 것이기 때문입니다.

어느 날 만난 한 친구가 밤마다 싸우는 윗집 때문에 잠을 못

잔다고 불평했습니다. 그러면서 만일 자기가 신고하면 증언을 해야 하는지 물었습니다. 물론 아닙니다. 가정 폭력 신고자는 신고의 비밀이 유지됩니다. 만일 그 부분이 불안하다면 신고하면서 신고자 신분에 대한 비밀을 유지해 달라고 부탁하세요. 혹은 여성 긴급 전화 1366으로 전화해서 대리 신고를 요청하면 됩니다. 이러한 실천을 통해 폭력으로 시달리는 사람들을 구제할 수 있습니다. 이제 우리는 듣지 못하는 소리를 듣고, 하지 못했던 행동을 해야 할 것 같습니다. 그 누구든 폭력적인 상황에서 벗어나는 것은 중요한 일이니까요.

우리 안의 괴물

가부장 문화의 폭력성을 자연스럽게 내면화한
우리 안의 괴물을 똑바로 마주 보아야 합니다.

연일 보도되는 여성 대상 범죄, 일련의 사건들을 보면 기시감이 듭니다. 어찌 보면 역사적 자취가 남아 있는 우리 안의 괴물을 소환해 볼까요. 조선 후기 양반의 기득권 유지를 위해 여성의 자살을 유도한 홍살문까지는 비틀어 보지 않더라도, 내가 경험한 정도의 과거까지만 돌아가 보기로 합니다.

저는 어린 시절 가족의 생계를 위해 남의집살이를 하는 어린 소녀를 그 집 어른이 추행한 사건을 들은 적이 있습니다. 후안무치한 범죄 이후 가족들은 합심한 듯 발칙한 것이 유혹했다, 부끄러움을 모른다고 수군댔지요. 사람들은 피해자를 비웃고 단호하게 추방했습니다. 피해자에게 한 번 더 깊은 상처를 입히는 데는 남녀 구분이 없었습니다. 고통받는 피해자에게는 냉혹하고, 오히려 누군가를 괴롭힌 가해자에게 감정 이입하는 이 끔찍한 사고방식이 우리 안에 있습니다.

이러한 부조리의 찌꺼기들은 심지어 오늘날 성범죄를 놀이로 인식하는 사태로 나타납니다. 섹시 코드로 춤추는 아이돌 문화에도 숨어 있고, 사랑의 격정을 유리창 깨는 행위로 표현하는 드라마에도 깔려 있습니다. 여성은 행위의 대상이 되고 남성은 행위의 주체가 되는 힘의 불균형성, 그 명백한 폭력을 볼만한 것, 재미있는 것으로 동의하는 순간 우리는 가해자의 정서와 연대하는 것입니다.

이 문제를 해결하기 위해서는 특정 대상을 구분하고 혐의를 두는 것을 넘어서야 합니다. 강남역 사건이라고 부르는 묻지마 살인 사건을 기억하시나요? 한 남성이 강남역 근처의 한 화장실에서 여성을 살해했습니다. 경찰은 범죄의 원인을 조현병에서 찾았지만 그 남자가 가진 문제의 핵심은 조현병이 아닙니다. "여자들이 나를 무시했다."는 그 불쾌감이 살해 행위 동기가 되는 가부장 문화의 폭력성을 얼마나 자연스럽게 내면화하고 있는가가 핵심인 것입니다. 그것이 우리 안의 괴물이고 그 괴물을 내몰아야만 우리는 사실을 사실 그 자체로 볼 수 있을 것입니다. 그래야 7세 지능의 13세 여아가 성폭력을 당할 당시의 어리둥절함과 모멸감이 분노로 다가오고, 선생님이 여학생을 성적 대상으로 보고 함부로 말하는 것이 얼마나 야만적인 일인지 공감할 수 있습니다. 잠시 즐겼을 뿐인 한 남자의 미래를 망칠 수 없다는 어이없는 가해자 감정 이입이 진정으로 잘못된 것임을 알게 되는 것입니다.

이제 우리는 억울함을 말하지 못하고 피해자이면서도 고통스럽게 죄인으로 살아온 이들을 향한 추모의 마음을 모아 본질적인 변화를 이끌어 내야 합니다. 이를 위해 우리 안의 괴물들을 똑바로 바라보는 철학적 사유의 힘을 길러 나가야 합니다. 학교 밖으로 나가면 더 이상 쓸 일이 없는 지식 교육의 일부를 덜어 내고 인권과 인성 교육을 강화해야 합니다. 이 모든 일들이 젠더화된 사회 구조에서 비롯됨을 알고 본질적인 의미에서 양성평등, 성평등 교육을 실시해야 합니다. 평등으로 가는 길이 이제 겨우 열리고 있나 싶은데, 이를 역차별로 인지하고 혐오를 조장하는 지금 현실이 의미하는 바가 무엇일까요? 괴물들은 얼마나 힘이 센 것일까요? 우리 안의 괴물을 몰아낼 수 있는 성찰의 힘, 그것이 변화의 시작이며 또 변화를 이루는 근본일 것입니다.

'혐오'라는 말

....

어떤 대상을 집단적으로 낙인찍어
통제하려는 혐오는 매우 위험합니다.

혐오가 사회적 이슈입니다. 여혐, 남혐이 실시간 검색어에 오르고 혐오 범죄라는 타이틀을 단 뉴스가 연일 보도되죠. 그저 개인의 취향 문제로 생각해 온 혐오가 어쩌다 우리 사회를 갈등으로 몰아넣고 있는 것일까요?

"내가 여성을 혐오한다고요? 아니요. 난 여자를 혐오하지 않아요. 오히려 좋아하죠. 썩은 음식 냄새 같은 건 혐오합니다. 혐오란 그런 거 아닌가요? 지난번 문학 수업을 하는데 한 학생이 오셀로가 데스데모나를 죽인 게 '혐오'라고 말하더군요. 그게 말이 돼요? 오셀로는 그녀를 사랑한 거예요. 대체 뭐가 혐오라는 건지."

이 하나의 문장에서 혐오란 서로 다른 방식으로 사용되고 있습니다. 먼저 썩은 음식 냄새에서 느껴지는 혐오는 극단적으로 싫은 감각을 말합니다. 일반적으로 사용해 왔던 방식으로 쓰였죠. 혐오스러운 촉감, 혐오를 부르는 소리 등등.

좋아한다는 의미와 반대 개념으로 과장해 사용되기도 했습니다. '난 여자를 혐오하지 않아요.'는 '싫어하지 않아요.' 정도의 뜻을 과장하여 표현한 것이겠죠. 때로 "야, 너 오늘 패션 극혐이다."와 같은 표현이 쓰이는데, 이런 표현은 우리의 정서를 극단적으로 몰아갑니다. "난 네 옷차림이 좋아 보이지 않아."라고 속으로나 생각할 일을 그토록 강하게 말할 이유가 있을까요. 하여간 싫다는 표현을 강조할 때 쓰는 표현으로서의 혐오가 있다는 걸 알겠고…….

또 다른 차원의 혐오가 있습니다. 언급된 오셀로 이야기로 돌아가 볼까요. 영국의 극작가 윌리엄 셰익스피어(William Shakespeare)가 지은 4대 비극의 하나인 「오셀로(Othello)」는 장군 오셀로가 부관 이아고의 계략에 속아 아내 데스데모나의 정조를 의심하여 결국 죽인다는 내용입니다. 이아고는 오셀로가 데스데모나에게 준 손수건을 카시오라는 다른 부하의 방문 앞에 던져 놓고 둘 사이에 의심을 불러일으킬 말을 건네지요. 질투에 눈이 먼 오셀로는 데스데모나를 죽입니다. 우리는 이 작품을 사랑, 질투, 복수 등이 얽힌 문학의 고전이라 칭송해 왔습니다. 그런데 데스데모나는 무슨 잘못을 했나요. 단지 억울할 뿐입니다. 그의 부당한 죽음이 명작이라는 이름, 사랑이라는 미명하에 박제화되어서는 안 되겠지요.

우리는 오셀로에서 사랑이라는 말로 치환된 복잡한 젠더 권력을 볼 수 있습니다. 오셀로는 그녀를 사랑한다고 생각했지만 사실 소유물, 통제되어야 할 생명으로 여겼습니다. 그렇지 않고서야 자신의 소유, 통제 밖으로 벗어났다고 생각할 때 상대방을 가해하고 심지어 죽일 수는 없을 거예요. 이것이 요즘 우리 사회에서 회자되는 혐오와 맞닿아 있다고 생각합니다. 누군가를 통제하고, 본인의 기준에 맞지 않으면 위해를 가할 수 있다는 생각으로서의 혐오 말입니다.

이와 같은 혐오는 개인적 감각으로서의 혐오와는 달리 사회적으로, 구조적으로 구성되고 또 작동합니다. 예를 들어 유색인 차별이 심한 지역에서 유색인과 백인이 서로를 싫어한다면 그건 개개인에게 특별한 이유가 있어서라기보다 이미 사회에 팽배한 혐오를 답습한 것일 확률이 높습니다. 그런데 유색인이 "난 저 백인이 싫어." 하고 말하는 건 공포심을 조장할까요. 아마도 그렇지 않을 거예요. 그러나 백인이 "난 네 피부색이 싫어."라고 말한다면 유색인들은 공포스러울 것입니다. 같은 말을 하더라도 어떤 말은 공포스럽고 어떤 말은 공포스럽지 않은 이유는 무엇일까요? 말하는 이가 사회적, 구조적으로 가진 권력이 다르기 때문입니다. 우리 사회의 여성도 마찬가지예요. 여성이 혐오스럽다는 남성의 말에 여성은 공포를 느낍니다. 잇따르는 혐오 범죄를 보며 자신도 잠재적 위협을 받고 있다는 생각을 떨치기 어렵습니다.

그냥 싫은 것보다 더 끔찍하게 싫은 것, 물론 있을 수 있습니다.

하지만 보다 구조적이고 차별적으로 강화되는 행동으로서 어떤 대상을 집단적으로 낙인찍고 통제하려는 혐오는 분명 더 큰 문제입니다.

한국은 성평등한가?

....

10위? 108위?
우리나라의 성평등 현주소는 어디일까요?

우리나라는 얼마나 성평등한 국가일까요? 2019년 유엔개발계획 (UNDP)이 발표한 '성 불평등 지수(Gender Inequality Index)'에서 한국 은 189개국 중 10위를 기록했습니다. 이 결과는 한국이 성평등을 위 해 풀어야 할 일이 많다는 사람들과 성평등을 넘어서 이미 역차별 의 시대가 되었다고 주장하는 사람들 사이에 새로운 논쟁을 불러일 으켰지요. 주로 북유럽 국가들, 스위스, 덴마크, 네덜란드, 스웨덴, 벨 기에, 노르웨이 등이 상위 국가를 이루는 가운데 우리나라가 아시아 권에서 1위를 차지했으니 누가 봐도 성 불평등한 국가는 아닌 듯합 니다.

그런데 2019년 세계경제포럼(WEF)이 발표한 '성 격차 지수 (Gender Gap Index)'를 보면 반드시 그런 것만은 아닌 것 같아요. 한국 은 153개국 중 108위로 아직 하위권에 머무는 것으로 나타났거든요.

유엔개발계획(UNDP) 성 불평등 지수 (Gender Inequality Index)		세계경제포럼(WEF) 성 격차 지수 (Gender Gap Index)	
생식 건강	모성 사망비 청소년 출산율	경제 참여 및 기회	전문직 및 기술직 고위 임원 및 관리직 유사 업무 임금 평등 추정소득 노동 참여
여성 권한	국회의원 중등 이상 교육받은 인구	교육적 성취	문해율 초등교육 취학률 중등교육 취학률 3차 교육 취학률
노동 참여	경제 활동 참가율	건강과 생존	출생 성비 기대 수명
		정치적 권한	국회의원 비율 장관 비율 여성 국가 수장 재임 기간

각 통계 지수를 구성하는 지표의 차이

이 지표에 따르면 우리나라는 성 불평등 국가에 가깝습니다. 왜 이런 차이가 나는 걸까요? 이는 두 통계가 초점 맞추는 내용이 다르기 때문이에요.

UNDP의 성 불평등 지수는 생식 건강-모성 사망비·청소년 출산율, 여성 권한-국회의원 비율·중등 이상 교육받은 인구 비율, 노동 참여-경제 활동 참가율 등 3개 부문을 기준으로 성 불평등 여부를 판단합니다. 여기서 모성 사망비는 임신·출산 관련 합병증으로 사망한 인구 비율, 청소년 출산율은 15~19세의 출산 여성 인구 비율을 말하고, 중등 이상 교육받은 인구 비율은 25세 이상 중 중고등학교 이상의 교육을 받은 인구 비율을 산정한 결과입니다. 지표를 봐서 알 수 있듯이 우리나라가 낮은 점수를 받을 지표는 거의 없어요. 우리나라는 의료 수준이 높고, 성별에 관계없이 교육 수준도 높고, 10대 청소년의 성관계가 문화적으로 허용되지 않으니까요.

반면 WEF의 성 격차 지수는 '남성과 여성 간 격차'에 주목합니다. 지표별로 '남성 대비 여성 비율'을 비교해서 나타내요. 예를 들어 고위 관리직에 올라 있는 남성 대비 여성의 수를 수치로 환산하는 것이죠. 이렇게 하면 남성과 여성의 삶이 얼마나 다른가에 초점을 맞출 수 있습니다. 경제 참여 및 기회, 교육적 성취, 건강과 생존, 정치적 권한이라는 네 개의 영역에서 세분화된 지표를 통해 구체적으로 비교합니다. 우리나라는 그중 '경제적 참여와 기회'가 127위로 상대적으로 더 나쁜 편이었습니다. 이 부문의 하위 지표인 '고위 임

원 및 관리직' 비율이 142위로 낮게 나타났고 '유사 업무 임금 평등'
도 119위에 그쳤습니다. '교육적 성취'는 101위였고, '정치적 권한'은
79위를 기록했습니다.

이처럼 성 불평등 지수는 인적 자원 개발의 측면에서 여성들이
불이익을 받는 '수준'을 측정하는 반면, 성 격차 지수는 한 사회가 달
성한 수준에서 남녀간 '격차'가 얼마나 벌어져 있는가를 측정하기
때문에 서로 다른 결과를 보인 것입니다. 두 조사를 종합한다면 우
리나라가 전반적으로 사회·경제적 발전을 이루긴 했지만 성 역할
및 성별 고정관념은 여전하여 차별이 존재한다는 결론을 내리는 게
합리적이겠죠.

유리 천장을 넘어

성별이 아닌 능력으로 평가받는 공정 사회에
유리 천장과 유리 벽은 장애물일 뿐입니다.

유리 천장(Glass Ceiling)이라는 말을 들어 보셨나요? 유리 천장이란 여성의 고위직 진출을 막는 보이지 않는 장벽을 말합니다. 겉으로는 직장에서 누구에게든 공정한 승진의 기회가 보장된 것처럼 보이지만 사실 유리처럼 보이지 않는 막이 쳐져 있어 결국 원하는 목적지에 도달하지 못하는 현실을 빗댄 것이지요. 사회적 소수자의 고위직 진출이 어려움을 뜻하는 말이기도 하지만, 보통은 여성의 승진 차별을 나타내는 말로 쓰입니다.

이 같은 사회 구조적인 문제를 나타내기 위해 고안된 유리 천장 지수(Glass Ceiling Index)라는 것이 있습니다. 유리 천장 지수는 나라별로 남녀의 고등 교육 격차, 여성의 경제 활동 참여 비율, 성별 임금 격차, 고위직 여성 비율 등을 수치로 나타낸 것인데요. 2017년 3월 영국의 경제 주간지 『이코노미스트』가 세계 여성의 날을 맞아 발표한 유리 천장 지수에서 한국은 경제협력개발기구(OECD) 회원국 29개국 가운데 최하위를 기록했습니다.

유리 벽(Glass Wall)이라는 용어도 있습니다. 조직에서 암묵적으로 소수자를 핵심 직무에서 제외하는 현상을 말하는데요. 중요한 부서나 요직에 배치되지 못하면 다른 사람에 비해 직무 역량을 기를 기회가 줄고, 결국 승진 등에서 불이익을 받을 가능성이 크겠지요. 기업 이사회 내 여성 비율을 보면 아시아가 매우 낮은 편인데, 한국은 아시아 전체에서도 낮은 편입니다. 2012년 미국의 컨설팅 업체 맥킨지가 발표한 보고서에 따르면 아시아 평균 이사회 내 여성 비율은 6%, 최고 경영진 내 여성 비율은 8% 정도입니다. 그러나 한국 기업의 경우 이사회 내 여성 비율은 1%, 최고 경영진 내 여성 비율은 2%로 나타났습니다. 유리 천장에 유리 벽까지. 이쯤되면 우리 한국은 일하는 여성에게 최악의 나라라는 오명을 벗기 어려울 것 같네요.

그렇다면 유리 천장, 유리 벽은 왜 존재하는 걸까요? 본질은 보이지 않는 차별에 있습니다. 장애가 있다면 리더십이 부족할 것이라거나 여성은 약하니 막중한 책임을 주지 않는 것이 좋다는 등 배려의 가면을 쓴 차별 대우가 있는 것이죠. 물론 유리 천장이 비단 우리 사회의 문제만은 아닙니다. 전 세계 대부분의 나라에서 전체 취업자 중 여성 비율에 비해 관리직 여성 비율이 낮은 현상을 보입니다. 이런 현상이 차별을 재생산한다는 문제의식으로 다양한 대책을 세우는 것입니다.

2017년 프랑스의 여성권익부에 출장을 다녀올 기회가 있었는데, 프랑스는 고위 공무원 성별 비율에서 여성의 비율 상향을 결정하며 2018년에 그 비율을 40%까지 높이겠다는 목표를 세웠다고 합니다. 이 비율을 지키지 않으면 정부가 벌금을 부과할 예정이며, 벌금 액수도 적시 않다고 해요. 우리나라의 장관급에 해당하는 내각도 남녀 동수제를 실천하는 프랑스. 우리와는 너무도 다른 프랑스의 목표와 과감한 추진력이 놀라울 따름이었습니다.

다행스럽게도 2018년 초, 유리 천장 방지법(양성평등기본법 중 일부 개정 법률안)이 국회에서 통과되었습니다. 이 법안은 여성이 조직에서 자질과 능력을 동등하게 향상할 기회를 얻고 정당하게 평가받을 수 있도록 해야 한다는 가치를 담았습니다.

임금 노동자 중 여성이 차지하는 비율만큼 여성 관리직이 있어야만 여성의 삶을 반영한 정책과 제도가 펼쳐질 수 있을 겁니다. 그래야 결국 조직의 생산성도 높아질 것이고요. 아직 갈 길은 멀지만 우리 사회도 성별이 아닌 능력으로 평가받는 공정 사회에 점점 다가갔으면 하는 바람입니다.

일하는 여성들의 M자 인생

일과 개인적 삶의 여유를 성평등하게
공존시킬 수 있는 사회가 건강합니다.

경제 활동 참가율이란, 15세 이상의 사람 중에서 경제 활동에 참가한
인구의 비율을 말합니다. 그러니까 여성 경제 활동 참가율은 당연히
경제 활동에 참가한 15세 이상의 여성 인구 비율을 말하는 것이지요.
 우리나라 여성의 경제 활동 참가율을 그래프로 그리면 'M자 곡
선'을 그립니다. 보통 20대에 취업을 하여 취업률이 높아지죠. 하지
만 아이를 낳고 키우는 30대가 되면 회사를 많이 그만두기 때문에
취업률이 낮아집니다. 아이가 10대가 될 무렵인 40대가 되면 다시
취업을 하고자 합니다. 전문성을 가진 여성이라고 해도 '경단녀(경력
단절 여성)'라는 꼬리표를 달고 좋은 일자리를 얻기는 어렵습니다. 그
래도 가족이 보다 풍요롭게 살게 하겠다는 마음으로 자신의 경력에
부합하든 아니든 일자리를 구하게 되는 것이지요. 이렇게 일자리 그
래프가 내려갔다 올라왔다 하며 M자를 그리게 되는 것입니다. 안타

까운 것은 경제협력개발기구(OECD) 회원국 중 여성의 고용 곡선이 'M자'를 나타내는 국가는 오로지 한국과 일본뿐이라는 것입니다. 서구에서는 1980년대 이후 이 모양이 사라졌다고 해요.

물론 여성 경제 활동 참가율에서 볼 수 있는 M자 곡선은 남성의 취업자 비중 그래프에서는 나타나지 않습니다. 남성은 취업을 하고 나면 대부분 50대 초반까지 경제 활동을 지속하죠. 이는 여성들이 결혼 후 아이가 탄생하면 거의 육아를 책임지고, 밥하고 빨래하고 청소하는 집안일 등 복잡하고 신경 쓰이며 육체적으로도 힘든 가정의 대소사를 도맡아 하는 경우가 많기 때문에 가능한 일입니다.

이렇게 말하면, "무슨 말이야? 이제 설거지 정도는 남자들이 하는 집도 많다고!"라고 말하는 사람도 있을 겁니다. 네, 맞습니다. 그러나 설거지를 뺀 나머지, 이를테면 저녁 반찬은 뭘 해야 할지부터 아이들의 학교 문제까지 가사 전반이 주는 보이지 않는 부담은 여전히 여성이 감당해야 할 몫으로 남아 있는 경우가 많습니다. 결과적으로 여성이 가사와 경제 활동을 병행하기가 어려운 것이 현실입니다. 그것을 보여 주는 것이 여성 경제 활동 참가율의 M자 곡선이고요.

최근 20대 취업률을 분석하면서 남성에 비해 높은 여성 취업률이 역차별의 증거인 것처럼 이야기하는 경우도 있습니다. 그러나 사실을 살펴보면 20대 여성 취업률이 남성보다 높은 것은 매우 오래된

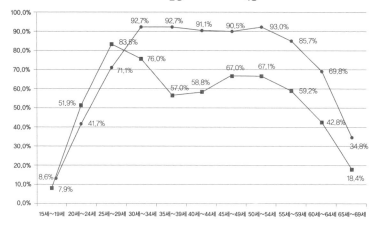

〈M자 곡선이 드러나는 서울시 성별·연령별 고용률〉

(자료: 통계청(2015), 인구주택총조사를 서울시여성가족재단이 재구성)

일입니다. 여성의 대학 진학률이 지금보다 낮았던 시절, 여성들의 취업 시작 연령은 더 낮았고 그만큼 경제 활동 참여도 활발했습니다. 더구나 그 시절은 딸을 살림 밑천으로 여기던 때였으니까요. 물론 남성이 군 입대로 취업이 늦어지는 사정이 있지만, 취업 준비 기간도 여성에 비해 두 배는 길었습니다.

　남성에게든 여성에게든 일을 한다는 것은 소중하고 의미 있는 권리입니다. 일과 개인적 삶의 여유를 성평등하게 공존시킬 수 있는 사회가 건강하다는 데 이견이 있을 수는 없겠죠.

성별 임금 격차

성별 임금 격차는 업무나 능력 차이보다
사회·정서적 성차별 요인이 크게 작용한 결과입니다.

대기업의 이사까지 올라간 친구가 하나 있는데요, 같은 시험을 치르고 입사해 함께 일하는 동료 중에서 자신의 임금이 가장 낮은 것을 알고 충격을 받은 사실을 제게 털어놓은 적이 있습니다. 직원들이 출근하기 전에 동료 직원의 책상을 걸레질하는 일도 했다고 합니다. 공정하게 경쟁해 입사하고도 이런 차별을 감내할 수밖에 없는 어떤 사정이 있었겠지요.

성별 임금 격차란 여성이라는 이유로 남성보다 임금을 적게 받는 현상을 말합니다. UN 산하 국제노동기구(ILO)는 2015년 3월 8일 '세계 여성의 날'을 맞아 발표한 보고서에서 전 세계 여성은 남성에게 지급되는 임금의 77%를 받고 있다고 발표했습니다. 게다가 우리나라는 성별 임금 격차가 큰 대표적인 국가입니다. OECD가 2019년을 기준으로 조사한 바에 따르면 우리나라 남성 근로자가 100원을 받을 때 여성 근로자는 63원을 받았다고 합니다. 우리나라의 성별 임금 격차는 OECD 평균보다 2배 이상 컸습니다. 그리고 OECD 회원국 가운데 가장 높았죠.

한국여성정책연구원의 김난주 부연구위원은 우리나라의 성별 임금 격차는 업무 차이나 능력 차이보다는 사회·정서적 성차별 요인이 크게 작용한다는 연구 결과를 발표한 바 있습니다. 물론 일자리 형태, 근속 연수, 교육 수준, 직종 등에 따른 남녀 차이가 적지는 않습니다. 조건이 다른데 급여 차이가 없는 것도 공평한 일은 아니고요. 그렇지만 전체 성별 임금 격차를 100으로 볼 때 육아 등으로 경력이 유지되지 않거나 일에 차이가 있어 발생하는 임금 격차는 38인 데 반해, 정서적·심리적 성차별에 따른 임금 격차는 62 정도로 평가되었습니다. 이런 경향을 문제 삼아 국내 여성계는 3월 8일로 지정된 세계 여성의 날에 성별 임금 격차 해소를 위한 '3시 스톱(STOP) 조기 퇴근' 퍼포먼스를 진행하기도 합니다. 여성의 임금 수준이 남성의 3분의 2에 불과하니 근로 시간도 그렇게 하자는 의미의 시위입니다.

OECD 국가 중 우리나라의 성별 임금 격차가 가장 높은 것은 사실이지만 세계적으로도 마찬가지여서 고질적인 사회 문제로 지적되고 있습니다. 2017년 프랑스의 경우 여성 임금이 남성에 비해 경제 영역에서 19.2%, 공공 영역에서 14%가 낮았습니다. 하여 이 격차를 낮추기 위해 업체의 성별 임금 차별이 드러나면 정부 사업에 참가할 자격을 제한하는 등 여러 조치를 취하고 있다고 합니다. 뭐든 단숨에 해결되지는 않겠지요. 그러나 우리 사회도 이러한 문제가 있다는 것을 인지하고 해결하고자 할 때 여성이니 버티려면 걸레질이라도 더 해야 한다는 불합리한 현실이 대물림되지 않을 것입니다.

성 인지 감수성을 키우는 방법

우리에게 꼭 필요한 성 인지 감수성. 막연하다고만 여기지 않고 성 인지 감수성을 기르기 위한 적극적인 노력이 필요합니다.

1. 스스로가 성 고정관념을 가지고 있지는 않은지 솔직하고 냉정하게 점검해 보세요. 주변의 사물과 사건을 올바르게 파악하기 위해 끊임없이 성찰해야 합니다.

2. 성평등 관련 책이나 기사를 읽고 관련 지식과 경험을 쌓도록 노력해야 합니다. 전문 기관의 교육을 활용할 수도 있습니다.

3. 앞선 노력으로 어느 정도 성 인지 감수성이 갖춰지면 일상생활을 하거나 대중 매체 등을 볼 때 이를 적용해 보도록 합니다.

4. 다른 사람이 성 고정관념에 근거하여 판단하고 말할 때, 그것이 나의 생각과 어떻게 다른지 이야기해 보세요. 내가 함양한 성 인지 감수성을 적극적으로 전파할 수 있도록 노력해야 사회 전반의 성 인지 감수성 지수가 올라갑니다.

공존: 평등해서 더 아름다운 세상

서로 다른 이들이 평등하게 함께하기란
쉬운 일은 아닙니다. 하지만 다름을 빌미로 누군가의 희생을
요구하는 불평등은 폭력의 다른 모습입니다.
나를 위하고, 남을 위하는 진정한 공존에의 의지야말로
더 아름다운 세상을 만듭니다.

도시는 누구의 것인가

누군가의 도시가 아니라 모두의 도시가 필요한 때

2019년은 여성가족부가 실시하는 여성 친화 도시 사업 10주년이 되는 해입니다. 여성가족부에 따르면 여성 친화 도시란 지역 정책과 발전 과정에 여성과 남성이 평등하게 참여하고 여성의 역량 강화, 돌봄 및 안전이 구현되도록 운영하는 기초 지자체를 말합니다. 좀 더 풀어 보자면, 교통·교육·의료·삶터·일터 등 모든 분야에서 여성들의 생활 패턴을 고려한 정책을 수립하고, 여성·아동·가족 친화적인 도시 설계를 통해 효율성과 감성을 만족시켜 주는 시군구라고 할까요.

2009년 한 지자체는 처음으로 '여성 친화 도시 조성 협약'을 맺었습니다. 당시 지역 발전을 위해 95개의 기업을 유치했지만 대부분의 기업 직원들이 주중에만 머물 뿐, 주말에는 가족들이 있는 서울로 가 버리는 바람에 기대했던 지역 경제 활성화가 이루어지지 않왔다고 해요. 이 지자체는 기업 유치가 절반의 성공에 머물렀음을 지적하며 지역 발전을 위해 여성 친화적 접근이 중요하다고 보고 협약을 맺은 겁니다. 그렇게 시작된 여성 친화 도시는 2018년 말을 기준으로 전국 87개소에 달하게 됐습니다.

그런데 여성을 위한 도시나 정책이라고 하면 많은 사람들이 그런 게 왜 필요한지, 어떻게 해야 하는지, 우리나라가 새삼스럽게 그런 일을 해야 할 만큼 여성의 지위가 열악한 건지 묻습니다. 한국 사회는 이미 역차별 사회에 들어섰다고 생각하며 반발하는 경우도 많고요.

여성 친화 도시 정책에 반대하는 심리의 밑바탕에는 과거에 사용하던 '바깥양반', '안주인'이라는 말에서도 나타나듯이, 집이 아닌 거리, 즉 도시의 사용자는 남성이라는 생각이 깔려 있는 게 아닐까요? 여성 친화 도시란 거창한 게 아닙니다. 여성도 도시의 사용자임을 고려해 그들의 생활 방식을 도시 설계부터 반영하자는 것일 뿐이죠. 유아차를 끌고 다니기 쉽게 보도 턱을 낮추고, 차를 타고 멀리 가지 않아도 자연을 즐길 수 있도록 집 근처에 아기자기한 공원을 만들고, 유아·아동과 가족이 함께 참여할 수 있는 열린 문화 행사를 개최하는 것이 여성 친화 도시의 면면입니다. 여성을 배려한다고 해서 남성이 불편해지는 문제가 전혀 아닙니다.

여성을 배려한 도시 공간은 우수한 여성 인적 자원을 폭넓게 활용하는 바탕이 될 수도 있습니다. 남원시 산내면의 살래골 여성 친화 마을은 귀농·귀촌 여성들을 중심으로 수공예 및 재활용품을 나눔·판매하는 사업을 펼쳐 각광을 받았습니다. 여성이 지역의 정책을 수립하고 집행하는 데 참여하며, 안정적인 일자리를 얻도록 하는 것도 중요합니다. 자녀 돌봄 서비스를 다각화하는 것도 살기 좋은 지역 사회를 만드는 데 중요한 역할을 하겠지요. 예를 들어 급하게 아이를 맡겨야 할 일이 생겼을 때 시에서 운영하는 시설에 맡길 수 있다면 정말 안심이 되겠지요? 엄마뿐만 아니라 아빠도요.

그렇습니다. 도시에 기업을 유치하고 공공 기관을 유치하는 것만으로는 지역의 삶을 풍요롭게 하는 데 한계가 있습니다. 여성과 아동, 장애인이 안전하고 편안하게 살 수 있는 사회를 만드는 것이 지역의 삶을 풍요롭고 안전하게 하는 일이라는 철학이 바로 여성 친화 도시의 중요한 가치입니다.

핑크 좌석에 앉는다는 것

....

비워 두기와 비켜 주기, 방식만큼 중요한 것은
임산부를 배려하는 마음입니다.

지하철을 타면 '핑크 좌석'이 있습니다. 꼭 핑크색이 아니더라도 대중교통 임산부 배려석은 이제 보편화되었죠. 그간 핑크 좌석을 둘러싸고 갑론을박이 벌어지기 일쑤였습니다. 노약자가 그렇듯 임산부도 당연히 배려받아야 한다는 입장이 있는가 하면, 임신은 누구나 하는 것인데 무슨 자랑거리라고 내놓고 좌석을 만드냐는 곱지 않은 시선도 있었습니다. 사실 우리 사회에 임신한 여성을 특별히 존중하고 배려하는 문화가 있었던 것은 아니니까요.

핑크 좌석에 임신하지 않은 사람들이 앉아 있어 임산부들이 앉지 못한다거나 몸이 힘든 임산부가 비어 있는 노약자석에 앉았다가 봉변을 당한 이야기들을 주변에서 한 번쯤 들어 보았을 거예요. 이러한 뉴스는 대한민국에서 임신한다는 것은 무엇인가 회의를 불러일으키게 합니다. 임산부와 그 가족들은 존중받지 못하는구나, 이런

사회에서 태어난 아이는 또 얼마나 불편한 감정을 가져야 할까 생각
했을 것입니다.

가장 흔한 지하철의 임산부 배려석은 의자부터 바닥까지 예쁜
핑크색입니다. 하지만 정작 임산부들에게는 임산부 배려석이 보기
좋은 그림에 불과한 경우도 많습니다. 아무 생각 없이 임산부 배려
석에 앉는 승객 때문입니다. 승객들이야 물론 주변에 임신한 사람이
없을 거라 생각하고 앉았을 것입니다. 그러나 그런 상태에서 임산부
가 탔을 때, 제가 임신 상태이니 자리를 비켜 달라고 말하기는 어렵
습니다. 그래서 핑크 좌석을 비워 놓자는 캠페인이 벌어졌지만, 붐비
는 지하철에서 귀한 한 자리를 비워 둔다는 게 현실적으로 쉬운 일
은 아닐 거라고 생각했습니다.

그런데 얼마 전 지하철에서 인상적인 일이 있었습니다. 학원이
끝난 건지 가방을 맨 한 무리의 학생들이 지하철에 올랐습니다. 다
른 자리는 모두 승객이 앉아 있었는데, 마침 핑크 좌석만 비어 있었
어요. 한 학생이 피곤한지 "사람이 타면 일어나지 뭐."라며 앉았고,
다른 학생은 장난스럽게 친구의 무릎 위에 앉았습니다. 그러다가 곧
둘이 같이 일어나며 말했습니다. "비워 두자!"

배려석은 강제가 아니라 말 그대로 '배려'하는 자리인데 우리
학생들은 이미 그렇게 하고 있었습니다. 핑크 좌석에 대해 부정적인
뉴스가 많아 그 좌석을 보는 마음이 조금은 불편했는데 세상이 이렇

게 바뀌었나 싶었습니다. 그래서 주변 사람들에게 물어보았습니다.

"핑크 좌석을 어떻게 생각하세요?"

답변은 대부분 긍정적이었습니다.

"핑크색 예쁘지 않아요? 전 처음부터 좋아 보였어요."

"우리나라 저출산이 문제인데 이런 일상의 배려가 매우 중요하다고 생각합니다."

"그래도 임신을 국가에서 이렇게 대접한다는 상징이라고 생각해요."

"글쎄요. 나쁘다고 생각한 적은 없는 것 같아요. 힘들면 앉아 있다가 젊은 여성이 주변에 서면 눈치를 좀 보죠."

세상에! 이렇게 사회는 변해 가는구나. 흐뭇하고 기뻤습니다. 갑론을박이 벌어진다고는 하나 그 필요성에 공감하는 사회적 분위기가 점점 대세가 되어가는 듯합니다. 요즘 수도권 공항철도와 지방 일부에서는 핑크 좌석 위에 임산부 배려석임을 안내하는 인형을 놓아두어 전보다 확실한 효과를 거두고 있다고 해요. '핑크 라이트(Pink Light)' 좌석 제도라는 더 적극적인 조치도 있습니다. 부산 일부 지하철에서 볼 수 있는 이 핑크 라이트 좌석은 무선 발신기를 가진 임산부가 지하철에 타면 좌석에 달린 수신기에서 신호를 받아 핑크빛으로 불빛이 깜박이고 음성 안내로 임산부 탑승을 알린다고 합니다.

핑크 라이트 좌석은 임산부에게도, 승객에게도 편리한 시스템이겠죠. 임산부가 핑크 좌석에 앉고 싶어도 누군가 앉아 있으면 먼저 양보를 요청하기 쉽지 않은데, 핑크 라이트가 반짝이면서 안내해 주면 굳이 자신이 임신 중이라는 사실을 밝히지 않더라도 핑크 좌석에 앉을 수 있으니까요. 당연히 일반 승객들도 비어 있는 임산부 배려석에 앉는 것이 불편하지 않을 겁니다. 물론 이 제도도 초기에는 기기의 배포와 환수, 작동의 문제 등 여러 문제가 발생할 수 있습니다. 그러나 제도는 점점 더 보완하면 되는 일이죠. 무엇보다 새 생명을 잉태한 여성에 대한 일상적 배려, 그것이 눈에 보이는 현실이 된다는 건 진짜 멋진 일입니다.

남북한 성 문화의 차이

정치적 이념만큼 멀어진 남북의 성 문화가
어떤 문제를 낳게 될까요?

"나는 언제쯤 넘어갈까요?"
"그럼 지금 넘어가 볼까요?"

남북의 두 정상이 군사 분계선을 넘나들며 감동의 드라마를 연출한 것 기억하시지요? 이 평범한 대화가 역사의 한 장면을 상징하는 명대사가 될 줄 누가 알았을까요. 우려와 긴장 속에서 통일을 향한 논의가 또다시 시작됐습니다. 그 과정은 복잡할 것이며 결과는 예측불허겠으나 미국, 러시아 등을 대하는 외교의 능란함과 변화를 원하는 세계적 분위기로 인해 가히 놀랄만한 속도로 진행되고 있습니다. 이를 통해 우리나라는 세계적으로 가장 뜨거운 관심을 받는 나라가 되었죠.

이런 역사의 전환만큼이나 중요한 것이 있습니다. 정치·경제적 차이만큼 주의 깊게 생각하고 준비해야 할 것은 바로 일상의 변화입니다. 서로를 이해하고 신뢰를 쌓기 위한 노력을 아끼지 말아야 할 것입니다. 남북회담 이후 평양냉면이 평화의 상징이 되었지만 이탈리아 피자 맛보다도 낯선 것이 사실이니까요.

서로의 문화를 잘 알지 못해 새로운 사회 문제가 발생할 수도 있습니다. 그중 가장 자주, 가장 심각한 문제로 떠오를 수 있는 것이 양성평등일 수 있습니다.

2015년 사상 최대 규모로 유럽에 유입된 난민들과 유럽 대륙 사람들 사이의 문화 차이는 커다란 사회적 문제였습니다. 보수적인 이슬람 문화와 유럽의 여성 인권 등이 너무 달라 문화적 마찰을 빚은 것인데요. 노르웨이에서는 이러한 문제를 줄이기 위해 모든 난민에게 양성평등 교육을 실시하고 이를 위한 예산을 마련하기도 했습니다.

북한과의 잦은 교류는 남녀의 접촉을 낳을 것이고 사랑하게 될 수도, 직장 내 상사와 부하 직원으로 만나게 될 수도 있습니다. 극도로 경직된 북한 사회는 우리보다 훨씬 가부장적입니다. 저는 하나원에서 북한 이탈 여성들을 교육한 적이 있습니다. 부분적인 의견일 수도 있겠지만 그들은 여성이 남성에게 동등하게 말하는 것을 말대꾸라며 놀라워했어요. 남편이 아내를 때리는 것은 아내가 잘못해서 그런 것이기 때문에 참아야 한다고 생각하고 있었습니다. 북한 이탈 남성들은 한국 드라마에 나오는 여성 인물들이 너무 이기적이어서 텔레비전을 보고 싶지 않다고 했습니다. 부모에게 자기 의견을 주장하는 청소년까지도 매우 못마땅하게 생각했고요.

　누군가는 기차 타고 평양을 지나 러시아와 유럽을 여행할 수 있는 이 중차대한 역사의 시기에 왜 사소한 문제에 집착하냐며 이해하지 못할 수 있겠지요. 그러나 이것은 사소한 일이 아닙니다. 우리 사회만 하더라도 변화하는 인권, 성 인지 감수성의 차이로 인해 연일 갈등이 끊이지 않는 것을 볼 수 있습니다. 아름다운 여성으로 구성한 기쁨조를 사절단으로 보냈던 북한과 한솥밥을 먹으면 서로 다른 성의식 때문에 빈번하고 심각한 갈등을 겪을 수 있습니다. 미래의 새판 짜기에 양성평등이 중요한 문제라는 것을 우리는 생각해야 합니다.

놀 권리, 공부할 권리

아동 청소년의 권리, 어디까지 생각해 보셨나요?

"아, 놀고 싶다."

하루 종일 학교와 학원에서 공부에 시달린 학생들은 공부라는 의무를 벗어던지고 싶다고 생각할 수 있습니다. 네. 그럴 수 있습니다. 그렇지만 공부를 하지 못하면 글도 읽을 수 없고, 셈도 할 수 없고, 일상을 벗어난 말은 알아들을 수도 없어 여러 가지 불편한 일이 생길 수 있겠지요? 지긋지긋하지만 자신을 성장시키는 동력, 그래서 교육은 권리이기도 합니다.

말랄라 유사프자이(Malala Yousafzai)라는 1997년생의 파키스탄 소녀는 이 교육의 권리를 위해 노력해 2014년 최연소로 노벨 평화상을 수상했습니다. 고작 17세의 소녀가 노벨 평화상을 받았다는 사실이 정말 놀랍지요? 말랄라가 자란 곳은 여성의 교육을 극단적으로

말랄라 유사프자이

반대하는 무장 단체 탈레반이 지배하는 지역이었어요. 그런 곳에서 학교까지 세워 여자아이들을 가르쳤던 아버지의 영향으로 말랄라는 어릴 때부터 여성과 어린이 교육 문제에 큰 관심을 가졌습니다. 12살에 이미 영국 BBC 블로그에 여성의 교육을 금하는 탈레반을 고발하는 글을 올려 국제적인 주목을 받기도 했죠. 그래서일까요. 15세가 되었을 때, 학교 수업을 마치고 집으로 돌아가다가 탈레반의 총에 맞아 머리와 목에 큰 부상을 입었습니다.

이 사건으로 죽음의 고비를 넘겼음에도 말랄라는 멈추지 않았습니다. 여학생을 강제로 퇴학시키고 학교를 폐쇄하는 등 파키스탄에서 일어나는 여성 탄압의 실상을 전 세계에 알리기 시작하였죠. 이로 인하여 파키스탄 여성 교육 문제가 국제적인 관심을 끌게 되었고, 파키스탄 내에서 여성 교육 권리 운동이 일어났습니다. 결국 200만 명이 서명하였고 정부가 여성의 교육 권리 법안을 통과시키게 되었습니다. 이 대단한 일만 보아도 우리는 자유롭게 교육받는 것 또한 분명 권리임을 실감할 수 있습니다.

공부할 권리가 있다면 놀 권리는 없는 걸까요? 국제연합(UN)의 '아동 권리 협약(Convention on the Rights of the Child)'을 보면 엄연히 놀 권리를 보장합니다. 31조에 '여가와 놀 권리'라는 항목을 통해 '연령에 맞는 놀이, 오락 활동 및 문화·예술 활동에 자유롭게 참여할 수 있는 아동의 권리를 존중하고, 문화·미술·오락 및 여가 활동을 위한 균등한 기회를 제공'할 것을 명시하고 있습니다. 사생활을 보장받을 권리도 있어요. 혼자 알고 싶은 비밀이 있다면 보장받아야죠. 자기가 좋아하는 음식을 고르고 좋아하는 옷을 입을 권리도 있어요. 이 외에도 차별, 학대, 폭력, 노동으로부터 보호받을 권리, 교육받을 권리, 종교의 자유를 누릴 권리 등이 아동 권리 협약에 보장되어 있습니다.

아마도 아동 청소년 중에는 자신에게 그런 권리가 있다는 말을 듣는 것만으로도 놀라는 친구가 있을지도 모르겠습니다. 어른 입장에서도 우리가 아동의 인권을 얼마나 보장하고 있는지 새삼 돌이켜 보며 그 하나하나가 모두 침해받아서는 안 될 귀한 의미가 있다는 생각을 하게 되지요. 때로 이러한 권리는 상호 상충하는 것처럼 보일 때도 있습니다. 예를 들어 교육이 권리라고 해도 충분한 휴식과 건강을 침해할 정도라면 건강의 권리, 사생활의 권리 등에 위배됩니다. 사생활 보장의 권리를 들어 무한정 게임을 하겠다고 주장할 수도 있겠지요. 하지만 게임은 사생활 보장의 의미보다 교육을 받고, 건강하게 자랄 권리를 침해하는 유해 환경으로 해석되어야 할 겁니다.

모든 아동 청소년은 인간으로서 존엄한 권리가 있다는 인권 선언에서 제외될 수 없습니다. 물론 이런 권리는 책임, 의무와 함께 지켜지는 것이고요. 학교를 비롯한 공적 공간에서는 교복을 입거나 함께 지키기로 한 약속을 지켜 나가는 연습을 해야 합니다. 그러나 불합리한 억압을 받아서는 안 되는 것이지요. 어른들도 아이를 예뻐하고 사랑해 주는 깃과는 다른 차원에서 아동 청소년을 하나의 인격을 가진 존재로 보고 선택권을 존중해 주어야 합니다. 아동 청소년은 책임질 수 있는 행동을 하며 동시에 스스로의 권리를 지켜 나감으로써 바람직한 시민으로 성장해 가는 것이니까요.

"아 놀고 싶다."

그래요. 죄의식 없이 재미있게 놀아요. 다른 사람을 괴롭히거나 다른 사람의 권리를 침해하지 않는다면 잘 놀아야 합니다. 가족의 구성원으로서, 학교의 급우로서 책임과 의무만 있는 것이 아니라 자기가 좋아하는 것을 스스로 할 수 있는 권리가 있다는 것, 잊지 맙시다.

성교육이 왜 필요하냐고요?

성교육은 궁극적으로 사랑과 친밀감을
만들어 갈 수 있는 인간 교육입니다.

우리나라 교육 기본법을 보면 교육 목적 중 하나로 민주 시민으로서 필요한 자질을 갖추게 하는 것을 명시하고 있습니다. 또한 모든 국민은 성별, 종교, 신념, 인종, 사회적 신분, 경제적 지위 또는 신체적 조건 등을 이유로 교육에서 차별받지 않아야 한다고 되어 있죠. 그러나 미투 사건을 보면 국가에서도, 심지어 학교에서조차도 이러한 교육 이념이 제대로 실현되지 않았구나 싶어 쏩쓸합니다.

우리 사회에는 성과 관련한 편견이 너무도 많고 다양한 문제들이 발생하고 있습니다. 물론 이와 같은 문제를 예방하기 위해 교육부에서는 성교육 표준안을, 여성가족부에서는 성 인권 교재를 개발하는 등 노력해 왔어요. 그러나 이런저런 이유로 성교육 교재는 교육 현장에 계신 선생님들의 요구를 충분하게 반영하지 못하였고, 도돌이표처럼 성교육의 방향성을 다시 고민하게 되었습니다. 안전하고 행복한 세상을 만들기 위하여 성교육이 담아야 할 것은 과연 무엇일까요?

미투 사건에서도 드러나듯 성폭력은 단순한 성의 문제가 아니라 권력의 문제입니다. 성을 가운데 두고 있지만 사실 약자를 괴롭히는 폭력인 것이죠. 우리 사회에 만연한 정치·경제·사회적 지위의 성 차이는 우리의 일상생활을 좌우하는 문화의 차별을 만듭니다. 예를 들어 남학생이 여학생을 때리면 좋아해서 그런 것이라고 이해하면서, 여학생이 이에 대응하다 싸움이 나면 여자가 조신하지 못하게 싸움이나 한다고 말하는 문화가 있다면 이것은 문화로 존재하는 성차별이자 성별 고정관념이 만들어 낸 폭력인 것입니다.

성별 고정관념에 의해 약자가 받는 폭력은 연령이나 사회적 지위, 국가, 인종, 종교, 성 정체성 및 성적 지향의 차별과 함께 교차적으로 발생합니다. 이것을 폭력의 교차성(intersectionality)이라고 하는데요. 여성은 남성에 의해 차별받지만 여성 중에서도 백인 여성은 유색인 여성에 비해 우월한 대접을 받는다거나, 비정규직 노동자 여성은 정규직 여성에 비해 성폭력 등에 더욱 취약한 것이 그 예가 될 수 있습니다.

이러한 차별과 폭력 없이 서로 다른 개성과 취향, 지위를 가진 다양한 사람들이 모여 사는 방법의 하나로 성교육이 제시될 수 있어요. 2009년 유네스코(UNESCO)는 '국제 성교육 가이드라인

(International Guidelines on Sexuality Education)'을 통해 '젠더 편견에 따른 사회적 관행과 폭력, 젠더 불평등이 강화되는 방식에 대해 가르칠 것'을 권고했습니다. 또한 '성적 자기 결정권'은 아동 청소년에게도 예외가 아닌 인간의 기본권으로, 아동 청소년의 경우 침해받지 않을 권리이자 성에 대한 정보를 제공받을 권리이며, 자신의 행동에 대해 책임을 가져야 함을 가르치도록 되어 있습니다. 더불어 성 인지 감수성을 함양하고 성평등 사회를 만들어 나갈 수 있는 시민으로서의 성장도 강조합니다.

성교육은 궁극적으로 사랑과 친밀감을 만들어 갈 수 있는 인간 교육임을 잊지 말아야 합니다. 일상에 성별 고정관념이 개입되어 잘못된 판단을 하는 것은 아닌지 스스로를 끊임없이 성찰해 보는 능력을 함양하는 교육이어야 하겠지요.

어떤 선생님께서 말씀하시기를, 요즘 학생들이 많이 바뀌었다고 하지만 막상 데이트를 하면 천편일률적으로 남학생은 센 척하고, 여학생은 남학생을 돌봐 주는 역할을 한다며 웃으시는 걸 봤습니다. 그런데 사람의 성격과 처지, 개성은 다 다릅니다. 따라서 모든 커플의 교제는 무지개 빛깔처럼 다양해야 한다고 생각합니다. 다만, 둘 사이의 관계는 상호 동의(consent)에 따라 시작해야 하고, 자발성(voluntary)이 있으며, 평등(equality)해야 합니다. 또 발달 단계는 적정(development)해야 하고 주변에 폐를 끼치지 않으며(context) 자아 존중감(self-respecting)을 손상시키지 않아야 좋은 관계라고 할 수 있겠지요. 이런 것 하나도 지켜지지 않으면서 남자답게, 여자답게 교제하는 것은 별로 재미없는 연애 같아요.

한 사람 한 사람이 개성을 가진 멋진 인간으로 성장하고, 그러면서도 서로에게 매력적인 사람이 될 수 있도록 돕는 성교육이 필요한 때입니다.

성을 이해한다는 것

성을 이해한다는 것은 인간과 인간이 만나
어떻게 교류하느냐를 이해하는 것입니다.

성교육에 관한 이야기를 좀 더 해 볼까 합니다. 스쿨 미투와 같은 현실을 보면서 가슴을 쓸어내린 학부모님들이 많았을 거예요. 학교 현장에서조차 아이들이 성폭력 피해에 노출되는 경우가 많고, 심지어 자기도 모르는 사이에 가해자가 되는 경우도 나타난다니. 이에 대한 적극적인 교육이 필요하다는 데 동의하지 않는 사람은 없을 겁니다.

이런 와중에 성교육 또는 성폭력 예방 교육이라는 말 대신 '성인권 교육'이라는 용어가 교육 현장에서 매우 익숙하게 사용되고 있습니다. 알 듯 말 듯, 낯설고 모호한 용어라고 생각하시나요? 용어의 생경함에도 불구하고 성교육이나 성폭력 예방 교육이라는 표현보다 완곡하고 편안하게 받아들여지는 어감 덕에 널리 통용되는 것일지도 모르겠습니다. 성교육이나 성폭력 예방 교육이 성에 대한 긍정적인 경험보다는 부정적인 인식을 심어 준다는 우려가 있는데, 이런 우려를 내려놓고 성적인 주체로의 권리를 이야기할 수 있다는 점이 마음을 산 것일까요?

그렇다면 '성 인권'이란 과연 무엇일까요? 엄밀히 말해 인권 교육의 경험도 거의 없는 우리 입장에서 성 인권이라는 말을 정의하는 것부터 쉬운 일은 아닙니다. 나에게도 인권이 있다는 공허한 선언만으로 인권이 존중되는 것도 아닐 테고요.

UN은 2011년 '세계 인권 교육 선언문(United Nations Declaration on Human Rights Education and Training)'을 채택하여 인간 존중에 대한 이해를 바탕으로 한 인권 교육의 필요성을 선언하였습니다. 인권이 인간에 관한 권리를 중심으로 그것을 둘러싼 존엄성을 이야기하는 것이라면, 성 인권이란 성적 주체로서의 권리를 중심으로 인간을 존중하고 또 자신의 삶에서 행복을 추구할 수 있는 권리를 말하는 것입니다. 모든 사람이 고귀하고 존엄하다는 생각에 동의한다면 당연히 타인의 권리나 존엄성을 침해하는 행위는 하지 않을 것입니다.

사실 성을 이해한다는 것은 성을 생물학적으로 이해하는 것이 아니라 인간과 인간이 만나 어떻게 교류하느냐를 이해하는 것입니다. 우리의 삶은 무수한 인간과 인간의 만남으로 이루어지고 있으며, 그 만남이 어떤 모습을 띠고 있느냐가 삶의 기쁨과 슬픔, 성장과 퇴보에 영향을 주는 것이지요. 그러므로 성교육은 궁극적으로 관계

교육이어야 합니다. 더불어 자기 자신이 누구와 어떻게 인생을 그려 갈지 설계하는 자기 정체성 교육이기도 하고요.

성적 주체로서 자신과 타인을 이해해야 인권과 권리에 대한 기본적인 이해, 성적 주체로서의 자기 점검과 성적 자기 결정권의 이해가 가능해집니다. 성 인권을 실현하기 위한 관계 맺기와 서로를 존중하고 상처 주지 않는 평등한 소통 방법도 알게 되고요. 어린 시절부터 이런 교육을 받게 된다면 아이들 역시 단지 보호의 대상이 아니라 인권을 가진 주체이면서 스스로를 긍정적으로 생각하는 힘을 키우리라 확신합니다.

사랑의 기술

....

사랑은 서로의 취향과 개성을 인정하는
평등한 관계에서 시작됩니다.

대부분의 사람은 주변 사람과 좋은 인간관계를 맺음으로써 행복을
느낍니다. 어린 시절엔 친구와 학굣길을 걸으며, 조금 자라선 같이
영화를 보거나 게임방에 가면서 행복감을 느낍니다. 어른이 되어도
크게 다르지 않아요. 직장 생활을 하거나 집안일을 돌보는 소소한
일상에서 누군가와 재미있는 이야기를 나누고 의논하며 위로를 받
습니다. 아무리 힘들어도 자신을 믿어 주는 한 사람만 있다면 견딜
만하다고 말하는 게 우리네 인생이죠.

　　사람에게는 스스로를 사랑하는 것만큼이나 다른 사람에게 인정
받는 것 역시 매우 중요한 행복의 요소가 됩니다. 이러한 인간의 사
회적 욕구는 우정이나 사랑, 어떤 집단에 소속되어 있다는 소속감,
다른 사람으로부터 존경받고자 하는 마음 등 다양한 방식과 형태로
존재합니다. 인터넷 등 디지털 문화의 발달로 직접적인 대면 접촉이

줄었다고는 하지만 여전히 SNS의 좋아요 숫자에 관심을 기울이는 것은 인간이 타인으로부터의 관심과 인정, 지지를 원한다는 하나의 증거죠.

친밀한 애정을 바탕으로 한 사랑은 그 욕구의 정점을 보여 줍니다. 누군가는 인간을 미소 짓게 하는 마술이라거나 기쁨을 샘솟게 하는 원천이라며 경배하고, 다른 누군가는 눈물의 씨앗, 고통의 원천이라며 좌절하게 하는 사랑. 우리 마음을 콕콕 찌르는 시와 영화, 대중음악의 주제가 되는 인간 최고의 관심사입니다. 이것은 부정할 수 없어요. 내가 사랑을 하는 상태이든 무관심한 상태이든 말입니다. "나는 사랑에 빠졌어."라는 순간은 누구라도 경이롭게 느끼는 것이지요.

그런데 요즘 왜 사랑을 할 수 없다는 이야기들이 더 많이 들리는 걸까요? 연애와 결혼 등 많은 것을 포기한다는 N포 세대의 이야기도 그렇지만 '김치녀', '한남충'처럼 상대를 비하하는 말을 들으면 세상에는 사랑할 만한 사람이 많지 않은 것처럼 들립니다. 정말 그런 걸까요? 혹시 비정상적으로 왜곡된 정보, 상업적인 혐오 팔이에 현혹된 것은 아닐까요? 자신의 주변을 살펴보세요. 무능하고 비양심적이며 다른 사람을 괴롭히는 사람들보다는 성실하고 선량하며 매력적인 사람들이 더 많지 않나요? 세상에는 사랑받을 만한 사람이 없거나 사랑할 만한 여건이 안 되는 것이 아니라 사랑할 수 있는 능력을 가진 사람이 많지 않은 것입니다. 자신을 포함해서요.

사랑에 대한 명저로 꼽히는 에리히 프롬(Erich Fromm)의 『사랑의 기술』에 따르면 사랑은 우연한 기회에 대상만 생기면 누구나 저절로 겪게 되는 즐거운 감정 같은 것이 아닙니다. 대부분의 사람들은 어느 날 갑자기 알지 못할 마법에 의해 사랑에 빠져들기를 바라고 있지만요. 그러나 그런 일은 좀처럼 일어나지 않아요. 문제는 스스로가 사랑할 수 있는 능력이 있느냐 없느냐에 있습니다.

프롬은 사랑을 적극적으로 주는 것이라고 말합니다. 인간적인 기쁨, 흥미, 이해, 지식, 유머, 슬픔 등 자신 안의 모든 생명력을 기꺼이 나누어 주는 것이라고요. 우리가 여러 차례 들어 왔던 말이지만 실천하기는 어려운 일입니다. 프롬은 잘 나누어 줌으로써 스스로 풍요로워지려면 목공 기술이나 의료 기술을 익히는 것처럼 사랑의 기술을 익혀야 한다고 했습니다. 흔히 말하는 밀당 같은 것을 넘어서서 상대방을 매혹하고 절제하며 몰입과 인내, 관심을 기울여야 한다고 말합니다. 너무 멋진 말이지요?

연인 간의 사랑은 아니지만 저도 살면서 '사랑의 기적'을 체험한 적이 있습니다. 언젠가 집을 나와 거칠게 사는 한 청소년과 함께 기거한 적이 있었어요. 아버지의 강압적인 태도가 그 아이를 거칠게 만들었죠. 그 날카로움과 감정의 기복은 놀라울 정도여서 저는 아이가 솔직히 무서웠습니다. 아이를 바른 삶으로 이끌고 싶다는 생각이 앞서 이런저런 조언을 하는 동안 아이는 점점 나빠졌습니다. 그런데 어느 날부터인가 그 아이를 무서워하기보다 그 상처를 보듬고 사랑해 보자 싶었습니다. 받는 것은 내 마음대로 할 수 없지만 주는 것은 내 마음대로 할 수 있으니까요. 내보낼 수 없으니 제가 덜 괴로우려면 아이를 사랑해 줄 수밖에 없던 건지도 모릅니다. 그런데 제가 바뀌자 아이는 놀랍게 변하기 시작했습니다. 조언이나 통제보다 신뢰와 사랑이 중요하다는 것을 절실하게 느끼게 되었죠.

사랑, 그것은 상대방을 지배하거나 통제하고, 낮추어 비하하려는 것과는 전혀 달라서 서로의 취향과 개성을 인정하는 평등한 관계로부터 시작됩니다. 모든 사랑이 사실은 상대방에 대해 인정하고 지지하는 것으로부터 출발하는 것이죠. 듣고 보니 그런 사랑 한번 해 보고 싶지 않나요? 이 세상에 사랑할 만한 대상이 없는 것이 아니라, 스스로 사랑할 수 있는 능력을 발휘조차 해 보지 않았던 건 아닐까요?

찻집의 수다

세상의 모든 축복과 다짐과 응원이
젊은 날의 자신에게만 해당되는 건 아니에요.

오랜만의 찻집. 가을 기운이 공기마다 아름다운 빛으로 들어섰고 테이블 위에는 햇살 한 점이 떨어지며 따스한 기운을 나눠 주고 있었습니다. 친구들과 테이블에 둘러 앉아 살아가는 이야기를 나누는 일은 언제나 즐겁지요. 우리는 서로 학창 시절의 성격과 직장 생활의 신산함, 살아가는 보람을 알고 있습니다. 아이가 있는 사람은 있어서, 또 없는 사람은 없어서 좋기도 하고 걱정이 되기도 하는, 서로 잘 아는 사이인 것입니다.

그 자리에서 한 친구가 의기소침한 표정으로 말했습니다.
"나만 세월을 정통으로 맞았나 봐. 30년 전에 비해 가장 얼굴이 달라진 사람이 나라니까."
"아냐, 나도 근육부터 관절까지 세월의 흔적을 느껴."

"피부만 해도 그래. 거울에서 보는 내가 너무 낯설어."

"그렇지만 정겹잖아?"

"뭐가 정겹니? 난 그저 우울할 뿐이야."

"글쎄, 뭐든 받아들여야지."

"그게 서글프다는 거야."

"네가 서글픈 마음이 든다면 할 수 없지만 내 눈엔 지금의 우리도 아름다워."

"그런 말은 그냥 위로의 말일 뿐이라고 생각해."

"넌 사람들이 누군가를 차별하는 게 싫다면서? 돈이 없다거나 외모를 기준으로 차별하는 게 싫다고 했잖아."

"차별하면 안 되는 거지."

"그럼 나이 들어 가는 너를 차별하지 마."

"그건 다른 문제야. 나는 그냥 내가 마음에 안 드는 거야."

"누구나 멋지고 훌륭한 면도 있지만 부족하고 부끄러운 면도 있잖아. 그 모든 걸 합해서 열심히 살아왔으니, 그 모든 것이 좋은 거 아냐?

이야기가 길어지자 위트 있는 다른 친구가 끼어듭니다.

"얘들아, 무슨 골치 아픈 이야기니?"

"아냐. 우린 모두 나이 들어 갈 거고 점점 더 옛날의 모습은 아닐 텐데, 그럼 점점 더 자기를 싫어해야 하나 묻고 싶어. 이거야 말로 스스로가 스스로에게 하는 나이 차별, 외모 차별이잖아."

"너희 맘대로 하렴. 난 그냥 배꼽에 주름질 때까지 재미있게 살

거야."

"그 말 정말 마음에 든다."

"차별하지 말라면서?"

테이블 위에 딱 떨어졌던 햇살이 뉘엿뉘엿 더 넓어지며 벗들을 감쌉니다.

"그래, 배꼽에 주름질 때까지."

진정으로 자신을 받아들이고 스스로를 사랑하는 마음은 과연 어디까지 깊어져야 하는 것일까요? 그 깊은 힘은 결국 나로부터 길러가야 하는 건 아닐까요? 세상의 모든 잠언과 축복과 다짐과 응원과 기도, 이 모든 말들이 젊은 날의 자신에게만 해당되는 일은 아니니까요.

추석날 생긴 일

명절을 다 같이 행복하게 즐기는 방법

추석 연휴에 섬으로 가족 여행을 떠난 모모네 가족. 올 추석은 모모네가 정말 행복한가 봐요. 낚시하려다 갯바위에 벗어둔 바지가 바다에 쓸려 들어갔는데도 꺄르르 웃고, 가족이 합심해서 바지를 찾다가 모모가 물에 젖어 축 처진 옷을 건져 올리자 와와 함성을 지르며 즐거워합니다.

　모모네는 평범한 가족이에요. 특별히 부유하지는 않지만 부족한 것도 없어요. 그런데 아주 중요한 한 가지가 없었어요. 바로 화목입니다. 모모의 엄마나 아빠 모두 따스하고 점잖은 사람들인데 명절마다 크게 다투더니 화목을 잃어버린 것입니다.

　모모 엄마는 때마다 돌아오는 명절 상차림을 힘들어했습니다. 며칠 전부터 장을 보고 재료를 다듬는 일이 쉽지 않았어요. 수많은 음식을 차렸는데 친척 중 누군가 제사 음식이 잘못되었다고 하면 어쩔 줄 몰랐습니다. 남편 얼굴이 핼쑥해졌으니 잘 좀 먹이라는 말도 듣기 싫었습니다. 모모 성적이 어떠냐고 묻는 건 또 어떻고요. 친정 어머니가 편찮으시다고 해도 보내 주지 않는 건 섭섭했습니다. 몸이 아파도 내색할 수 없었습니다. 아프다는 말에 쳐다보는 눈길이 따스하기보다는 싸늘하게 느껴졌습니다. 그런 마음을 남편이 위로해 주길 바랐습니다. 모모 아빠는 사람 좋은 웃음을 웃으며 그저 "세상 며느리들 다 그래."라고 말했어요. 며느리란 무엇인가요. 사랑이란 이름으로 결혼한 건 맞는데 그 이유로 몸이 아프건 마음이 아프건 남편 집안일을 도맡아 해야 하는 사람인가요?

모모도 속상했습니다. 명절만 지나면 엄마가 아파 누워 있는 것이었어요. 아빠는 평소에는 집안일을 잘 도와주면서 왜 명절 때만 되면 뒹굴뒹굴 텔레비전을 보며 송편과 전만 먹고 있는 걸까요. 나중에 알고 보니 그게 남자다운 거라고 합니다. 여자는 처음부터 그렇게 하도록 되어 있는 거라 집안 어른들 앞에서 남자가 집안일을 도울 수는 없다고 했습니다. 남자가 집안일을 하는 건 숨어서 해야 하는 부끄러운 일인가 봐요.

언젠가 뉴스에서, 명절에 가족들이 모여 얼굴을 보는 건 설레지만 제사와 행사들이 스트레스를 받게 한다는 여론 조사를 본 적이 있습니다. 명절이 지나면 이혼율도 올라간다고 했습니다. 명절이란 무엇인가요? 좋은 날을 택하여 여러 가지 행사를 거행하던 옛 풍조가 시간이 지나며 명절로 자리잡은 것이잖아요. 어디에도 여자들이 전 부치고 하루 종일 일하는 날이라고는 되어 있지 않아요. 고려 시대나 조선 전기에는 딸도 아들과 똑같이 제사를 지내고, 돈을 주면 절에서 대신 제사를 올려 주기도 했지요. 여자도 재산 상속을 받았으니 지금 봐도 옛날이 더 나쁜 것 같지 않네요.

모모는 그동안 벼르기만 했던 섬 여행을 명절 연휴에 가자고 제안했습니다.

"아빠, 아빠는 명절에 남의 집 가서 음식 해 나르고 잔소리 들으면 어떤 기분일 거 같아? 나쁘겠지? 외할머니 댁에 가서 아빠가 그래야 한다면 어떻겠어?"

모모는 아빠에게 평소 명절에 들었던 기분을 털어놓았습니다. 그렇게 좋은 의미의 명절이라면 다 같이 행복하게 즐기는 방법을 찾아보자고 하면서요. 다음부터 차례상은 아빠도 같이 차리고, 설에는 외할머니 댁부터 가기로 했습니다. 할머니, 할아버지도 이번에는 삼촌네와 여행을 떠났어요. 물론 과정이 쉽지는 않았습니다.

그래서 어렵게 출발한 가족 여행입니다. 모모의 기억 속에 온 가족이 웃으며 보낸 첫 번째 추석 명절이기도 하고요.

어떠세요? 모모네 추석 이야기? 뭔가 낯설고 불편한가요? 아니면 끄덕끄덕 마음이 끌리나요? 가족들과 이야기 나누어 보세요.

집안일의 소중함, 바깥일의 귀중함

집안일과 바깥일은 성평등하게 이루어져야 합니다.

집안일은 여자의 일이라고 생각하는 사람 계신가요?

조금씩은 다르겠지만 이제 집안일은 여자만의 일이라는 생각은 많이 바뀌어 가고 있는 듯합니다. 이제 남자도 흔히 설거지를 하고 청소기도 돌리니까 집안에서 어느 정도 평등이 이루어졌다고 생각하는 경우도 많습니다. 좋은 일입니다.

그런데 이런 생각도 듭니다. 바깥양반, 안주인이라는 말도 있었 듯 엄마는 집안일, 아빠는 바깥일을 하는 것도 좋지 않을까? 엄마는 아이를 낳았으니 아이를 기르는 일에 더 적합한 게 아닐까?

집안일은 가족이 먹고 쉬며 생명을 유지하고 종족을 번식하기 위해 반드시 필요한 일입니다. 하지만 끝도 없이 반복해야 하면서도 그 결과로 주어지는 명시적 보답이 없는 노동이죠. 일한 티는 안 나고 안 한 티는 확실히 난다는 게 집안일이라는 말도 있습니다. 매일 매일 반복적으로 일하는데 그 결과는 딱히 없는 도돌이표 일상 속에서 보람을 느끼기란 쉽지 않을 겁니다.

반면 바깥일은 그 일을 함으로써 결과나 성과가 나옵니다. 그림을 그리거나, 원고를 쓰거나, 누군가를 가르친다면 그 결과를 보고 흐뭇해지겠지요. 아직 부족하다면 더욱 노력하게 될 테고요. 숙련될수록 자아 존중감이 높아질 겁니다. 집안에서 했던 청소, 빨래, 빵을 굽는 일도 바깥으로 무대를 옮겨 임금으로 보상을 받는다면 성취감이 훨씬 커질 것입니다. 어떤 형태로든 성취의 욕구를 채워 주게 되겠지요.

미국의 심리학자 에이브러햄 매슬로(Abraham Maslow)는 인간의 욕구 중 자아실현의 욕구가 가장 상위에 있다고 말했습니다. 그런데 누군가는 자아실현이 가능한 일에 몰입할 수 있고 누군가는 다른 사람을 위해 끊임없이 반복적인 노동을 하는 것은 공평하지 않습니다.

한두 세대 전인 농경 사회만 하더라도 아이는 많이 낳고, 대부분 가난했기 때문에 아들은 공부를 시키고 딸은 공부를 시키지 않는 경우가 흔했습니다. 그런데 지금은 한 자녀나 두 자녀가 흔하고, 경제 상황이 전보다 좋아져서 원한다면 성별에 관계없이 고등 교육을 받습니다. 그러니 이제 여자는 집안일, 남자는 바깥일 같은 역할 구분이 필요하지도 않습니다. 생존을 위한 집안일이 소중한 만큼, 자신의 일을 성과로 인정받을 수 있는 바깥일도 귀중한 것입니다. 그러니 집안일이든 바깥일이든 평등이 이루어진다면 매우 좋은 것입니다.

아마 집안의 풍경에 따라 집안일의 분담은 다르겠죠. 그런데 어느 분이 보이지 않는 성 역할이 있는데 그건 어떻게 하겠느냐고 물어봅니다. 남편이 설거지는 하지만 저녁에 뭘 먹을지, 시장은 뭘 봐야 하는지는 고민하지 않는다는 거죠. 아이들과 같이 놀아 주기는 하지만 아이들의 행복을 위해 무슨 말을 해 줄지는 별로 생각하지 않고, 여행 일정을 잡기 위해 가족의 스케줄을 일일이 맞추는 일 같은 것도 배우자에게 미루면서 뭔가 잘못되기라도 하면 최종 책임은 여성에게 묻는다는 거예요. 이렇게 표도 없는 일을 여전히 여성이 책임지는 경우가 많은데 집안에서 평등이 이루어졌다는 것은 성급한 결론이라는 겁니다. 어떠세요? 일리 있는 주장이라 생각하시나요? 여러분은 모쪼록 이런 보이지 않는 부분까지 나누고, 원활하게 소통하며 함께 해결해 나가길 바랍니다.

우리 시대의 결혼과 출생

누구도 봉사하거나 희생하지 않고 서로 협력할 때
신인류의 결혼과 출생이 시작됩니다.

2018년 한국청소년정책연구원이 만 15세에서 39세의 국민 3천여 명을 대상으로 조사한 '청년 사회 경제 실태 조사'에 따르면 결혼을 해야 한다고 응답한 비율은 42.9%에 그쳤습니다. 결혼하여 자녀를 가질 것인가라는 질문에는 44%만 동의하였고요. 여성 1명이 가임기간 (15~49세)에 낳을 것으로 예상되는 평균 출생아 수를 합계 출산율이라 하는데, 2019년 대한민국의 합계 출산율은 0.92명에 그쳤습니다. 이러한 조사를 보면, 전통적인 의미에서의 가족은 절대적인 힘을 잃어가는 게 분명합니다. 결혼도 출산도 하지 않겠다는 말은 더 이상 그냥 해 보는 말이 아닌 것 같아요.

가정을 이루고 아이를 기르는 것을 포기하면 얻는 것이 더 많다고 생각하는 사람도 많아졌습니다. 가족 부양의 부담이 줄어드는 대신 더 많은 여행을 하고, 적절하게 건강 관리를 하며, 여유로운 시간에 자신만을 위한 탐구를 할 수 있을 겁니다. 결혼을 하고 아이를 낳는 순간부터 너무나 많은 책임의 주어집니다. 날이 갈수록 부담이 커지는 육아, 사교육비는 물론 가족에 대한 감정 노동도 피할 수 없죠. 효율과 경제의 측면에서 보면 결혼은 매우 불합리한 일처럼 보입니다.

지금까지 유지해 온 가족과 출생의 패러다임은 사실 여성에게 빚진 바가 큽니다. 인류가 발전하고 적절한 인구를 유지할 수 있었던 이면에는 억압과 불이익을 감당해 온 여성의 희생이 감추어져 있습니다. 인류는 발전을 거듭하여 도로와 건물을 만들었고, 경이로운 예술 작품을 창조했으며, 이제 바야흐로 인공 지능의 시대를 열어가고 있습니다. 그동안 수많은 여성이 요리, 청소, 바느질, 육아를 담당해 왔지만 발전의 영광은 그들의 것이 아니었죠. 그러나 과거에는 이런 일을 하지 않는 여성의 삶은 아예 생각할 수도 없었습니다.

이제 전통적인 가족의 모습이 점점 그 힘을 잃어가는 것처럼 전통적인 여성의 역할을 수행해야 한다는 생각을 하는 여성도 점차 사라지고 있습니다. 여성들에게 오로지 불평등과 불이익만 주어진다면, 이를 위해 여성을 성적으로 대상화하고 성 역할을 통제하려든다면 여성들은 더 이상 그런 삶을 선택하지 않을 수 있게 된 거예요.

그래서일까요? 최근 들어 매우 새로운 유형의 남성이 나타나고 있습니다. 전에 없이 자상한 남성, 집안일을 잘하고 아이 감정에도 관심을 기울이는 배우자가 등장하고 있는 것입니다. 멋지게 차려입고 전문 서적을 읽는 우아한 엄마 역시 나타났죠. 평등한 인격을 존중하는 가족이 전보다 많아졌습니다. 그런데도 가족을 이루고자 하지 않는 이유는 그 모습이 진정한 모습이 아닐 수도 있음을 알기 때문입니다. 남편의 자상함은 취미와 같아서 조금이라도 불편하면 가사와 육아를 멈추고 배우자에게 떠맡기는 경우를 찾아보기란 어렵지 않습니다. 독립적인 생활을 추구하는 여성이라 할지라도 결혼한 여성은 결국 가사와 육아의 책임에서 자유롭지 않을 겁니다. 아름다운 미시족, 자아실현을 추구하는 멋진 여성상이 부상하였지만 가정에서도 일터에서도 여전히 부차적인 존재가 되기 쉽다는 것을 알기에 굳이 가정을 이룰 필요가 없다는 생각을 하는 것입니다.

이제 더 이상 가부장적 사회가 아니라고 말하면 무슨 소용이 있을까요. 일상에서 휴식과 평안을 공유하면서 협력하는 존재로서 파트너십을 형성하지 않으면 우리는 영원히 외로운 존재들이 될지도 모릅니다. 이제 가족과 출생의 패러다임은 누군가의 봉사와 희생을 바탕으로 하는 것에서 벗어나야 합니다. 이건 운동이나 주장이 아니라 인간이 발전해 온 결과 당면한 오늘의 문제입니다. 우리의 일상에 스민 여성의 타자화, 대상화, 주변부화의 문제가 본질적으로 극복되어야만 신인류의 결혼과 출생이 시작될 것입니다.

새로운 가족의 탄생

전통적으로 젠더화된 가족은 결혼을 통해 '가계 부양자'인 남성과 '보살 피는 자'인 여성이 가정을 이루는 장소로, 남성은 여성의 돌봄 노동을 받으며 이상적인 노동자가 되어 자녀의 양육 등 재생산 노동에서 자유로울 수 있는 구조였습니다. 반면 여성은 가사 노동의 전담자로서, 노동 시장에서 필연적으로 불이익과 불평등을 겪을 수밖에 없었습니다.

하지만 한 부모 가족, 2인 생계 부양 가구, 별거 가족, 동거나 동성애 가구 등 가족 구성과 형태가 다양해지는 현실을 보면 젠더화된 가족 형태는 더 이상 유효하지 않다는 것을 알 수 있습니다. 국제적으로도 이러한 변화를 반영하는 가족법이 등장하고 있습니다. 영국의 시민 동반자법(civil partnerships), 미국의 시민 결합 제도(civil unions), 프랑스의 시민 연대 협약(PACS, Pacte civile de solidarité) 등이 그 예입니다. 특히 1999년부터 시행된 프랑스의 팍스는 가장 대중적으로 자리 잡은 동거 제도로, 두 성인 간의 계약을 통해 결혼한 부부와 유사한 권리와 의무를 가질 수 있습니다. 팍스 시행 이후 프랑스의 출산율은 더 높아졌고, 계약 해지 비율은 우리나라의 이혼율보다 훨씬 낮다고 합니다.

이러한 흐름은 가족의 해체라기보다 새로운 가족의 탄생으로 보아야 할 것입니다. 이제 전통적인 성 역할의 틀을 깨고 가족과 노동 시장 전반에서 양성이 평등한 동반자적 관계를 형성해야 합니다. 더불어 정상 가족이라는 신화에서 벗어나 다양한 가족 형태를 포용하고 모두가 삶의 질을 높일 수 있도록 하는 사회적 노력이 필요합니다.

가족의 진화

....

'정상 가족'이란 없습니다.

가족이라고 말하면 함께 붙는 형용사가 있습니다. '화목한, 행복한, 단란한, 즐거운' 같은 말이지요. 단란한 가족이라 하면 어떤 모습이 떠오르나요. 저의 경우는 식탁을 가운데 두고 둥그렇게 둘러앉아 하루 동안 있었던 일을 서로 나누는 장면이 떠오릅니다. 안타까운 일에 탄식하고 속상한 일에 격려하며 좋은 일이 있으면 진심으로 축하해 주는 모습이지요.

이런 장면이 현실에서는 얼마나 있을까요. 저출생으로 인하여 가족 수가 줄었고, 성인 자녀가 독립해 거주하는 경우도 많아졌습니다. 부양이 필요한 노인층 독거 세대도 흔합니다. 젊은 층에서도 다양한 이유로 혼자 사는 1인 가구가 늘었고요. 게다가 다양한 동거 형태로 혈연이 아닌 사람들이 모여 가족 구성원이 된 세대도 나날이

증가하고 있습니다.

　가족 형태의 변화에 따라 식탁을 빙 둘러앉은 대가족의 모습을 보기는 어려워졌습니다. 심지어 한 가족이 밥을 먹는 시간도 다 다르지요. '헬리콥터 엄마', '기러기 아빠'는 단란한 가족이기보다 기업 같은 기능을 하는 가족을 보여 줍니다. 가족은 화목해야 한다고 말하지만, 사실은 아이들을 명문대에 입학시키기 위한 소규모 전략 집단으로 기능하고 있으니까요. 이러한 모순과 아이러니 속에 가족 갈등과 개인의 고독은 깊어지는 것입니다.

　이와 같은 가족의 모순 이면에는 뿌리 깊은 정상 가족 이데올로기가 자리 잡고 있습니다. 적당한 사회적 지위가 있는 아버지와 현명하게 가정을 경영하는 어머니, 부모님의 명령을 잘 따르고 모범적인 학교생활을 하는 한두 명의 아이들로 이루어진 이상적인 가족의 모습이 우리 머리에 새겨져 있는 것이지요.

　엄청나게 큰 꿈도 아니고 그저 이렇게 소소하고 화목한 가정을 꿈꾸는데 우리 가족은 그조차 못한다고 생각합니다. 부모님이 이혼을 했다거나, 공부를 못하는 동생이 있다거나, 불량하게 행동하는 누나, 돈을 못 벌어 오는 아빠, 자애롭지 않은 엄마가 있어 내 불행의 원인이 된다고 여깁니다. 소위 말하는 루저(Loser), 흙수저를 자처하며 열패감을 느끼는 것입니다.

실제로 정상 가족의 이상과 같은 모습으로 행복한 가정을 이루는 사람은 많지 않을 겁니다. 세상에 오로지 헌신을 바탕으로 한 자애로운 엄마나 부모의 권위에 무조건 따르는 아이들과 같은 평면적인 사람은 없습니다. 금수저가 아닌 한 풍요로운 경제생활을 보장할 수 있는 아버지도 물론 어렵지요. 그렇지 않아도 이들은 모두 최선을 다하고 있어요. 성 역할의 틀, 부모 역할의 틀, 아이들 역할의 틀이 성실한 인간의 모습을 뒤틀어 놓는 것입니다.

많은 사람이 지향하지만 그 때문에 우리 가족이 남루해 보이기만 한다면, 그리고 우리가 이상으로 품은 가족이 현실에 존재하기힘든 것이라면 정상 가정이라는 이미지는 허상에 불과한 것이 아닐까요. 있는 그대로가 아니라 특정한 정상성을 목표로 하고 있는 가족의 이미지는 가족 구성원 각자에게 짐이 되기만 할 뿐입니다. 세상은 짜인 각본대로 이루어지는 것이 아니니까요. 마치 프로젝트를 수행하는 것처럼 중산층의 이미지를 구축하기 위해 온 가족이 매진하는 모습은 결코 건강할 수 없습니다. 그 모습은 이미 평범하지도 않고요.

가족의 모습은 다양해졌습니다. 누군가는 장애를 가졌을 수 있고, 누군가는 좌절해 있을 수도 있지만 모두 다 자연스러운 모습입니다. 지금 모여 있는 구성원 자체에 대한 믿음과 존중, 존경이 필요한 것입니다. 서로는 평가의 대상이 아니며 협조하는 관계입니다.

이렇게 느슨한 형태의 가족의 모습으로 무엇을 이루겠느냐고요?

가족은 이미 느슨한 구조이고 또 그래야만 합니다. 누군가 위에서 명령하고 관리하며 누군가는 그 지시를 따르는 가부장적 가족은 점차 붕괴될 것입니다. 아직도 근절되지 않고 흔히 일어나는 가정 폭력 사건이 대부분 가부장적 가정에서 일어나고 있다는 것이 그 증거입니다.

사회는 결국 특권적 권위를 인정하지 않는 모습으로 진화할 거예요. 그가 누구이건 그의 지위나 주어진 역할 때문에 권위를 인정받기보다는 인간으로서 신뢰받고 스스로 자신의 일에 자긍심을 가지고 최선을 다할 때 존중받을 것입니다. 가족은 그런 사람을 기르는 인간적 집단으로 성장해 나갈 것이며 폭력적인 가족은 궁극적으로 도태될 것입니다.

아들에게 주는 레시피

나를 위하고, 남을 위하고, 서로를 위한 레시피가
우리 사회 전체에 흘러넘치는 꿈을 꾸며

소설가 공지영의 『딸에게 주는 레시피』가 세간의 화제였던 적이 있습니다. 삶에 대한 작가의 성찰이 요리와 잘 버무려진 책이었죠. 장필화 외의 『나의 페미니즘 레시피』는 사회 문제로 부상하고 있는 여성 혐오 문제를 요리합니다. 페미니즘은 여성 중심이 아닌 반차별주의라는 메시지를 담아서요. 요리 이름을 검색하면 '백종원 ○ ○ ○ 레시피'로 자동 완성되는 백종원 메뉴는 짜고 달게 그러나 간편하게 집밥을 바꾸었습니다.

갑자기 웬 요리 이야기냐고요? 이것저것 섞어서 불 조절 강약으로 새로운 맛과 영양을 창조한다는 점에서, 그리고 그게 내 손에 달려 있다는 점에서 요리와 인생은 별로 다르지 않다는 생각이 들어요. 문득 '아들에게 주는 레시피'를 써 보고 싶어집니다. 우리나라처럼 사회 복지 비용을 가족 내 여성의 성 역할 노동으로 떠넘기는 사회에서, 요리를 척척 해내는 아들을 볼 수 있다면 참 좋을 겁니다.

『딸에게 주는 레시피』에서 저자는 사람이 진정 자립한다는 것, 어른이 되어 자기를 책임진다는 것은 간단하더라도 자기가 먹을 음식을 만든다는 것이 포함된다고 말합니다. 이 구절의 진정성을 딸뿐 아니라 이 세상의 모든 아들도 알고 실행할 수 있다면 얼마나 좋을까요? 그게 가능하자면 아들의 요리 실력만 필요한 것은 아닐 겁니다. 야근을 일상으로 하는 노동 환경이 개선돼야 하고, 2차·3차로 이어지는 회식 문화도 바뀌어야 하겠죠. 또 일과 가정이 양립할 수 있는 여건이 마련되어야 할 것입니다.

하루 여덟 시간을 살짝 넘게 일한 너, 뿌듯한 마음으로 책상을 정리하고 일어나 집으로 향하는 거야. 아내도 퇴근 준비를 마쳤고 집에서 곧 보자는 문자가 와. 오늘은 큰아이 생일이니 미역국을 끓이자고. 집으로 돌아오는 차에 시동을 걸며 미역국을 떠올려 보렴. 세상의 아들들은 생일날 집에서 먹었던 구수한 미역국의 향기를 기억해.
자, 미역을 물에 불린다. 그리고, 그리고⋯⋯.

아들에게 주는 레시피는 여기서 끝이 납니다. 저 역시 여덟 시간을 많이 넘겨서 일을 하는 일상을 살다 보니 제대로 체득한 레시피가 없네요. 급하게 대충대충. 요리를 하는 행위는 단지 먹거리를 만드는 노동이 아니라 즐거움이자 따스함, 때로는 놀이이기도 한 것을.

이대로 '아들에게 주는 레시피'를 써도 괜찮을까요? 그 전에 '나를 풍요롭게 하는 레시피'를 먼저 좀 써 보라고요?

나를 위하고, 남을 위하고, 서로를 위한 레시피가 대한민국 전체에 흘러넘치는 꿈을 꾸며 일단! 제 최고의 레시피를 몇 가지 정리해 보는 것부터 시작해야겠네요.

우리는 평등해질 수
있습니다

오랜만에 자그마한 들길을 끼고 있는 소박한 거처로 여행을 떠났습니다. 강아지를 앞세우고 좁은 길을 따라 산책했습니다. 세상은 이런 저런 일로 뒤죽박죽이었지만 이곳만은 아늑하고 조용한, 따스한 평화가 담긴 곳 같았습니다. 거리를 배회하는 길고양이조차 여기서는 사는 맛을 느끼겠구나 싶은 적요한 평온이 풀숲과 돌 틈 사이에 나른하게 걸쳐 있었습니다.

그런데 들길의 돌담 뒤에서 누군가의 울음소리가 들렸습니다. 남자아이의 울음소리 같았습니다.

"남자가 이런 일에 왜 울어? 그냥 털어 버리면 되는 거지. 그까짓 거 잊으란 말이야. 남자는 배짱이 있어야지. 아빠는 네가 잘못한 것보다 징징대는 게 더 보기 싫다."

이윽고 강아지가 마구 내달리기 시작해 나는 그들의 형체도 보지 못한 채, 따라 달려야 했습니다. 따스하게 속살거리던 길모퉁이의 아늑함은 사라졌습니다. 아이는 울고, 아버지는 울음을 그치게 하고

자 서둘러 면죄부를 주는 거친 장면이 불편했기 때문입니다. 이유는 모르지만 눈물까지 흘리는 아이의 슬픔을 이해하고 달래 주기보다는 남자다움이라는 이름으로 그 감정에서 벗어나게 하려는 아버지의 태도가 마음에 걸린 것이지요. 이곳까지 와서 남자다움을 훈육하는 무딘 목소리를 듣고 싶지는 않았기 때문에 여행을 망쳐 버린 기분마저 들었습니다.

차라리 아이가 왜 우는지, 슬픔의 이유가 뭔지, 그것으로부터 벗어나려면 어떻게 하는 게 좋을지 이야기를 나누어 보면 어땠을까요? 그랬다면 아이도 마음에 맺힌 슬픔을 훌훌 털어 버리고 다음에는 그런 일을 하지 않을 텐데 말이에요. 이렇게 정리되지 않은 감정은 아이의 정서적인 성장을 가로막을 뿐 아니라 나중에 다른 어떤 상황에서 그저 남자라는 이름을 내세워 일을 무마하려 드는 계기가 될지도 모를 일입니다.

우리는 흔히 젠더의 틀에 갇혀 자기다움을 잃는다는 말을 자주 합니다만, 이는 단순히 개인에게만 한정되는 문제가 아닙니다. 한

명 한 명이 젠더, 즉 성별의 사회화 과정을 거치면서 불평등한 사회가 만들어지고, 강화되는 것이니까요. 불평등한 사회를 만들겠다는 커다란 기획이나 의도가 없이 그저 우리의 습관대로 말하고 행동하기만 해도 차별적일 수 있고, 그래서 결국 약자에게는 폭력적인 상황을 유지하고 구성해 갑니다.

물론 이렇게 아늑하고 고즈넉한 마을까지 여행을 와서 굳이 차별하는 마음을 심어 주려는 의도 같은 것이 그 아버지에게 있었을 리야 없지요. 하지만 성 역할 자체가 차별을 담보로 하고 있고, 그것이 경제적, 문화적 불평등의 원인이 된다는 것을 우리는 누차 보고 또 겪게 됩니다. 커다란 차별이 아니더라도 그다움이 아니라 여자다움이나 남자다움을 내면화하는 것 자체가 부적절하다는 것이 아무런 의문 없이 자연스럽게 받아들여지는 날이 오기를 바랍니다.

이 책을 돌담 벽 뒤에서 울던, 그 위로받지 못한 아이에게 바칩니다.